T0193320

essentials

essentials liefern aktuelles Wissen in konzentrierter Form. Die Essenz dessen, worauf es als „State-of-the-Art" in der gegenwärtigen Fachdiskussion oder in der Praxis ankommt. *essentials* informieren schnell, unkompliziert und verständlich

- als Einführung in ein aktuelles Thema aus Ihrem Fachgebiet
- als Einstieg in ein für Sie noch unbekanntes Themenfeld
- als Einblick, um zum Thema mitreden zu können

Die Bücher in elektronischer und gedruckter Form bringen das Expertenwissen von Springer-Fachautoren kompakt zur Darstellung. Sie sind besonders für die Nutzung als eBook auf Tablet-PCs, eBook-Readern und Smartphones geeignet. *essentials:* Wissensbausteine aus den Wirtschafts-, Sozial- und Geisteswissenschaften, aus Technik und Naturwissenschaften sowie aus Medizin, Psychologie und Gesundheitsberufen. Von renommierten Autoren aller Springer-Verlagsmarken.

Weitere Bände in der Reihe http://www.springer.com/series/13088

Marco Betz

Management im Umfeld von Komplexität und fundamentalem Wandel

Lernen vom Außergewöhnlichen anhand des Managements in Venezuela

 Springer Gabler

Marco Betz
Jona, Schweiz

ISSN 2197-6708   ISSN 2197-6716   (electronic)
essentials
ISBN 978-3-658-27697-3   ISBN 978-3-658-27698-0   (eBook)
https://doi.org/10.1007/978-3-658-27698-0

Die Deutsche Nationalbibliothek verzeichnet diese Publikation in der Deutschen Nationalbibliografie; detaillierte bibliografische Daten sind im Internet über http://dnb.d-nb.de abrufbar.

Springer Gabler

Springer Gabler ist ein Imprint der eingetragenen Gesellschaft Springer Fachmedien Wiesbaden GmbH und ist ein Teil von Springer Nature.
Die Anschrift der Gesellschaft ist: Abraham-Lincoln-Str. 46, 65189 Wiesbaden, Germany

Was Sie in diesem *essential* finden können

- Dieses *essential* zeigt auf, wie wir von anderen, außergewöhnlichen Umständen lernen können.
- Venezolanische Organisationen durchleben seit 20 Jahren einen fundamentalen Wandel in einem volatilen, komplexen Umfeld. Dieses *essential* legt dar, wie venezolanische Organisationen die Herausforderungen in diesem Umfeld meistern und sich erfolgreich entwickeln. Anhand verschiedener Beispiele wird dies praxisnah dargestellt.
- Vier Maximen für das Management im Umfeld von Komplexität und fundamentalem Wandel werden aus den Einsichten des in Venezuela gelebten Managements abgeleitet. Das *essential* präsentiert für die vier Maximen Anwendungsprinzipien für hier tätige Organisationen und gibt Inspiration aus den Anwendungen venezolanischer Organisationen.

Vorwort

Wir befinden uns in einem globalen Umbruch, welcher durch die globale Vernetzung, die Digitalisierung und die Verschiebung von globalen Werten begünstigt wird. Das Gesellschaftsleben und die Wirtschaftstätigkeit sind mit einem hohen Grad an Komplexität, Unsicherheit und immer rascherer Veränderung konfrontiert. Die Organisationen müssen sich entwickeln, um für diesen Wandel bereit und auch künftig erfolgreich zu sein. Der tief greifende Charakter des Wandels und der Umstand, dass die Veränderungen immer rascher erfolgen führen dazu, dass es kaum Referenzen dafür gibt, wie sich das Management von Organisationen in einem solchen Umfeld verhalten soll.

Venezuela ist seit 20 Jahren durch einen fundamentalen Wandel geprägt. Die Organisationen müssen sich den Herausforderungen permanenter Veränderungen, hoher Unsicherheit und Komplexität stellen. Sie bieten sich als hervorragende Untersuchungsobjekte an, wie sich Organisationen in einem wie eingangs beschriebenem Umfeld verhalten, um trotz, oder gerade wegen diesen Herausforderungen erfolgreich zu sein.

Während mehrerer Jahre habe ich in Venezuela gelebt und gearbeitet und war auch später für ein Unternehmen mit einem starken Bezug zu Venezuela tätig. Aufgrund persönlicher Erfahrungen sowie Beobachtungen des professionellen Handelns in diesem wirtschaftlich außergewöhnlichen Umfeld hat sich die Erkenntnis entwickelt, dass sich die Erfahrungen des Managements venezolanischer Organisationen für die Entwicklung europäischer Organisationen nutzen lassen.

Im Rahmen einer Diplomarbeit des Executive MBA an der Universität St. Gallen habe ich dies systematisch untersucht und konnte Ansätze finden, wie und vor allem, was hier tätige Organisationen für das Management in Zeiten von Komplexität, Unsicherheit und Veränderung von den Erfahrungen in Venezuela lernen können. Das vorliegende *essential* ist eine Zusammenfassung der Diplomarbeit mit dem Titel „Management im Umfeld von Komplexität und fundamentaler Veränderungen – Lernen vom Außergewöhnlichen anhand gelebten Managements in Venezuela" und fokussiert auf die wichtigsten Erkenntnisse und Handlungsempfehlungen.

Ein großer Dank gebührt all jenen Personen in Venezuela, welche bereit waren und sich die Zeit nahmen, ihre Erfahrungen, Managementgrundsätze und Beispiele zu teilen. Dies insbesondere in Zeiten, in denen sie in ihren Organisationen, aber auch persönlich stark gefordert waren. Nur dank ihnen konnte die Diplomarbeit zum Erfolg werden und dieses *essential* überhaupt entstehen. Bedanken möchte ich mich auch beim Tutor der Arbeit, Dr. oec. HSG Mathias Müller, für seine Begleitung während der Arbeit und seine wertvollen Inputs.

Ein ganz spezieller Dank gilt meiner geliebten Frau Maria Alexandra und meiner Tochter Natalia, welche mich während des Executive MBA Studiums und insbesondere während des Schreibens der Arbeit immer unterstützt haben und auch Verständnis für meine Abwesenheit aufbrachten.

Jona   Marco Betz
im Juli 2019

Inhaltsverzeichnis

Über den Autor

© analu photography

Marco Betz lebte und arbeitete von 2006–2010 in Venezuela unter Bedingungen von Komplexität und fundamentalem Wandel. Später war er International Finance Director einer Gruppe mit Beteiligungen in Südamerika, insbesondere in Venezuela.

Er absolvierte ein Executive MBA an der Universität St. Gallen. In seiner Diplomarbeit untersuchte er systematisch, wie Organisationen in Venezuela im Umfeld von Komplexität, Volatilität und fundamentalem Wandel erfolgreich sind und wie dies auf hier tätige Organisationen anwendbar ist.

Marco Betz befasst sich mit Themen des strategischen Managements, des Finanzmanagements und des Komplexitätsmanagements. Er ist Gründer und Geschäftsführer der Beval Consult GmbH.

Kontaktdaten
Marco Betz, lic. rer. publ., Excecutive MBA HSG
marco.betz@beval-consult.ch
www.beval-consult.ch

Einleitung

Sämtliche Gesellschaftsbereiche sind einem globalen Umbruch unterworfen, insbesondere auch die Wirtschaftstätigkeit. Diese ist geprägt durch zunehmend raschere Veränderungen, Komplexität und Unsicherheit. Die Digitalisierung und disruptive Innovationen führen zu neuen Geschäftsmodellen und haben mächtige Unternehmen wie Amazon oder Google hervorgebracht. Aber auch aus China treten neue Giganten wie Alibaba auf den Weltmarkt. In den letzten Jahren hat sich der Begriff VUCA[1] als Umschreibung dieses Umfeldes etabliert.

Ein Blick nach Venezuela zeigt ein Land, welches, politisch bedingt, seit 20 Jahren durch einen fundamentalen Wandel geprägt ist. Die Organisationen müssen sich den Herausforderungen permanenter Veränderungen, hoher Unsicherheit und Komplexität stellen. Sie bieten sich als hervorragende Untersuchungsobjekte an, wie sich Organisationen in einem, wie eingangs beschriebenen Umfeld verhalten, um trotz, oder gerade wegen diesen Herausforderungen erfolgreich zu sein.

Dieses Buch zeigt anhand gelebten Managements in Venezuela auf, wie sich dortige Organisationen erfolgreich verhalten und welche allgemeingültigen Maximen und Anwendungen für das Management im Umfeld von Komplexität, Veränderung und Unsicherheit abgeleitet werden können und auch für hier tätige Organisationen anwendbar sind. Die Untersuchung erfolgte nach den Grundsätzen der qualitativen Sozialforschung[2]. Zur Erforschung des in Venezuela erfolgreichen Managements und zur Generierung konkreter Beispiele wurden

---

[1]VUCA umschreibt eine Welt mit hoher Volatilität (volatility), Unsicherheit (uncertainty), Komplexität (complexity) und Vieldeutigkeit (ambiguity).

[2]Vergleiche hierzu beispielsweise Mayring (2016) oder Strübing (2013).

© Springer Fachmedien Wiesbaden GmbH, ein Teil von Springer Nature 2019
M. Betz, *Management im Umfeld von Komplexität und fundamentalem Wandel*,
essentials, https://doi.org/10.1007/978-3-658-27698-0_1

15 Interviews mit Vertretern von venezolanischen Organisationen

Ziel der Interviews: Untersuchung von Organisationen in Venezuela in einem Umfeld tiefgreifender Veränderungen und hoher Unsicherheit. Welches sind die Herausforderungen, mit denen die Organisationen konfrontiert sind? Wie begegnen sie diesen Herausforderungen? Welche Managementgrundsätze wenden sie an? Wie sind die Strukturen und das Management der Organisationen dafür gestaltet?

Charakteristika der Interviewpartner:
- Branchen: Pharmazeutika, Nahrungsmittel, Konsumgüter, Finanzbranche, Chemie, Bau, Allg. Industrie, Gesundheitswesen.
- Größe und Nationalität der Organisationen: Nationale Kleinst- und Mittelbetriebe, Nationale Großunternehmen, Filialen multinationaler Konzerne.
- Funktionen der Interviewpartner: Unternehmer, Verwaltungsräte, Geschäftsführer, Mitglieder der Geschäftsleitung.

Weitere Interviews für einen umfassenden Blick

Ziel der Interviews: Untersuchung der gesellschaftlichen und wirtschaftlichen Veränderungen in Venezuela. Verstehen des Kontextes und der Kausalzusammenhänge. Generierung zusätzlicher Erkenntnisse zu den Managementgrundsätzen und erfolgreicher Beispiele von weiteren, nicht direkt befragten Unternehmen. Abrundung der Erkenntnisse durch weitere Erfahrungen, u.a. von Europäern in Venezuela.

3 Interviews mit Venezuela-Experten:
- Verbandsvertreter, Auditor, Ökonom/Sozialwissenschaftler.

4 Interviews mit Europäern und Venezolanern, welche in Venezuela tätig waren und heute in Europa sind:
- Unternehmer in Venezuela, frühere Expats in Venezuela, Venezolaner in Europa.

3 Interviews mit Europäern, welche Geschäftsbeziehungen mit Venezuela haben:
- Lieferant von Rohstoffen verschiedener venezolanischer Fabrikanten.
- Dienstleister verschiedener Kunden in Venezuela.

Abb. 1.1   Charakteristika der befragten Organisationen und Experten

insgesamt 25 Interviews mit venezolanischen Organisationen und weiteren Experten geführt (Abb. 1.1).

Das Buch ist wie folgt strukturiert: In Kap. 2 werden auf der einen Seite kurz der Wandel und die Herausforderungen für europäische Organisationen dargestellt und auf der anderen Seite das Umfeld und die Herausforderungen für Organisationen in Venezuela analysiert. Das Kap. 3 zeigt die vier Maximen von Management im Umfeld von fundamentalem Wandel und Komplexität im Überblick. Die Kap. 4 bis 7 widmen sich den einzelnen Maximen. Das Kap. 8 rundet die Erkenntnisse zusammenfassend ab.

Herausforderungen des Wandels an die Organisationen

2

2.1 Merkmale des Umbruchs und Herausforderungen der Organisationen

Komplexität, Wandel, Unsicherheit; die Liste der Schlagworte für die heutige Zeit ist lang, die Forschung und Literatur dazu vielfältig. Allgemein kristallisieren sich ein paar Merkmale des Umbruchs heraus.

Das Ausmaß der globalen Interdependenzen und der Auswirkungen der Globalisierung auf die Individuen und Organisation hat zugenommen. Mit der Digitalisierung sind Informationen weltweit und zeitgleich verfügbar. Neue Organisationen und Unternehmensmodelle etablieren sich, z. B. durch die Nanotechnologie, aber künftig auch durch Techniken, welche heute noch nicht bekannt sind.

In den vergangenen Jahren hat sich als Begrifflichkeit zur Erklärung der Umwelt das Akronym „VUCA"[1] etabliert. VUCA steht für die englischen Begriffe Volatility, Uncertainty, Complexity und Ambiguity (Volatilität, Unsicherheit, Komplexität, Vieldeutigkeit)[2]. Mit der Zunahme der Komplexität sowie der Volatilität sinkt die Vorhersehbarkeit von künftigen Ereignissen. Erfahrungen aus der Vergangenheit lassen sich immer weniger in die Zukunft projizieren.

---

[1]Zur Entstehung des Begriffs VUCA und Erklärung der Begrifflichkeit wird auf die bestehende Literatur verwiesen: Kinsinger und Walch (2011); Lawrence (2013) oder Nandram und Bindlish (2017).

[2]Für deren Charakteristika sei hier auf die bestehende Literatur verwiesen: Mack und Kahre (2016, S. 8–11), Kinsinger und Walch (o. D., S. 2), Ferrari, Sparrer und Kibed (2016, S. 24) und Bennett und Lemoine (2014, S. 313–316).

© Springer Fachmedien Wiesbaden GmbH, ein Teil von Springer Nature 2019
M. Betz, *Management im Umfeld von Komplexität und fundamentalem Wandel*,
essentials, https://doi.org/10.1007/978-3-658-27698-0_2

Die genannte Globalisierung, die Zunahme von Komplexität, die zunehmende Unsicherheit sowie die Wissensgesellschaft sind wesentliche Treiber des Umbruchs. Ein weiteres Charakteristikum ist die exponentielle Geschwindigkeit der Veränderungen.

Die genannten Merkmale des Umbruchs stellen die Organisationen vor Herausforderungen verschiedener Art, so bezüglich ihrer Umweltsphären und Stakeholder, der Aufbau- und Ablauforganisation und der Führung, sowie des Managements. Einige wesentliche Herausforderungen werden folgend kurz beschrieben.

Die Digitalisierung nutzen, statt sie als Gefahr wahrnehmen Die Digitalisierung ist ein fundamentaler Treiber des technischen Fortschritts. Eine wesentliche Herausforderung für die Organisationen ist es, die Digitalisierung zu nutzen, um neue Geschäftsfelder zu erschließen, oder um die bestehenden Geschäftsfelder weiterzuentwickeln (Matzler et al. 2016, S. 13–25). Wissen muss generiert und geteilt werden.

Die gesellschaftlichen Werte wandeln sich, die Erwartungen der Stakeholder nehmen zu Mit der Verfügbarkeit und Gleichzeitigkeit der Informationen und der damit eingehenden Transparenz steigen die Erwartungen der verschiedenen Stakeholder an die Organisationen. Diese stehen vor der Herausforderung, die ambivalenten Erwartungen zu erfüllen und die damit einhergehenden Zielkonflikte zu verstehen, zu bewerten und entsprechende Entscheidungen zu treffen. Dabei sind die Konsequenzen weniger klar. Des Weiteren müssen die Organisationen Lösungen finden, wie sie mit dem Wandel der gesellschaftlichen Werte umgehen (Kuznik 2016, S. 84), u. a der Generation Y[3], oder den Kunden, welche z. B. zunehmend Wert auf ökologische oder gesunde Produkte legen.

Neue Märkte nutzen, statt von neuen Konkurrenten verdrängt zu werden Disruptive Innovationen gefährden traditionelle Geschäftsmodelle. Durch Kombinationen von Innovationen unter Auflösung von Branchengrenzen entstehen neue Geschäftsmodelle; siehe z. B. die allgemein bekannten Bespiele wie Uber, Airbnb, aber auch Tesla oder Google im Automobilmarkt. Kinsinger und Walch (o. D., S. 2) nennen denn auch die Herausforderung, aufgrund neuer, globaler und starker Wettbewerber, welche teilweise auch aus Entwicklungsländern stammen. Die Organisationen stehen

---

[3]Zur Charakteristika der Generation Y ist auf Bund (2014) verwiesen.

vor der Herausforderung, ein Verständnis zu erlangen, wie ihr eigenes Geschäfts-modell durch neue Akteure (u. a. aus anderen Branchen) bedroht werden kann, wie sie das eigene Geschäftsmodell so entwickeln, dass es sich behaupten und weiter wachsen kann, aber auch, wie sie selbst Innovationen nutzen können, um in neue Märkte vorzudringen. Dabei müssen sie die exponentiell zunehmende Geschwindig-keit des Wandels beherrschen lernen, in welchem es immer mehr Innovationen gibt, deren Produktlebenszyklen aber immer kürzer sind (Kuznik 2016, S. 83).

Führen, entwickeln, entscheiden und den Wandel aktiv gestalten In einem durch Veränderung und Komplexität gekennzeichneten Umfeld müssen sich die Orga-nisationen stetig weiterentwickeln und die Führungs- und Entscheidungsprozesse entsprechend den Herausforderungen gestalten. Elbe (2015, S. 13) zeigt auf, dass gerade in Zeiten von hoher Unsicherheit und in Krisenzeiten die persönliche Führung im Gegensatz zu institutionalisierten Planungs- und Kontrollsystemen an Bedeutung gewinnt. Dabei gilt es, den Wandel aktiv zu gestalten, statt auf die Veränderungen reagieren zu müssen. Für Doppler (2017, S. 53–55) liegt die Herausforderung darin, die Entscheidungs- und Handlungsfähigkeit auch bei Widersprüchen und Unsicherheit sicherzustellen, was sich noch ergänzen lässt mit der Fragestellung, wie Mitarbeitende in einem Gebiet, in dem alles unbekannt ist, geführt werden müssen (Malik 2015, S. 140–142).

Gestaltung einer agilen Organisation Die zunehmende Komplexität und die Veränderungen erfordern eine stetige Anpassung der Aufbau- und Ablauf-organisation. Um die notwendigen Anpassungen effektiv und effizient vornehmen zu können, gilt es agile Organisationsformen aktiv zu fördern. Nach Malik (2015, S. 74) liegt die Herausforderung für die Organisationsgestaltung darin, sicherzu-stellen, dass systemgerechte Lösungen gefunden werden, statt in Silos zu denken. Kotter (2014/2015, S. 6–8) nennt als Grenzen hierarchischer Organisations-strukturen zur Begegnung strategischer Herausforderungen insbesondere, dass immer dieselben Wissensträger für die Initiativen herangezogen werden (und damit auch eine beschränkte Sichtweise zum Tragen kommt), dass das Wissen nicht rasch genug verfügbar ist und, dass sich eine Zufriedenheit mit dem Status quo einstellt.

2.2   Venezuela – ein Spielfeld fundamentaler Veränderungen

Venezuela durchlebt seit ca. 20 Jahren einen fundamentalen Wandel. Das heutige Venezuela ist geprägt durch die von Hugo Chávez Frías[4] eingeleitete „Bolivarianische Revolution". Mit dem Ziel, den „Sozialismus des 21. Jahrhunderts" zu etablieren, trieb die Regierung unter Hugo Chávez Frías fundamentale Umwälzungen der Gesellschaftsstruktur, des politischen Systems, der staatlichen Institutionen und der Außen- und Wirtschaftspolitik voran. Nach dem Tod von Hugo Chávez Frías 2013 konnte sich der „Chavismus", mit der Wahl des Vizepräsidenten Nicolás Maduro Moros zum Präsidenten Venezuelas, in der Regierung halten.

Dieser Wandel stellte die Organisationen in Venezuela vor unterschiedliche Herausforderungen, welche sich über den Zeitraum der letzten 20 Jahre immer wieder verändert haben und sich in den letzten Jahren auch drastisch zugespitzt haben.

Management in einer Umgebung von ideologisierter Politik und atypischer Wirtschaft
Die politischen Veränderungen in Venezuela haben die Werte in der Gesellschaft verschoben. Die früher politisch und ökonomisch marginalisierte Gesellschaftsschicht hat Gewicht erhalten. Die politischen Akteure und die Unternehmen in Venezuela müssen dies in ihre Entscheidungen einbeziehen. Die politischen Veränderungen gehen einher mit einer Ideologisierung der Politik, insbesondere der Wirtschaftspolitik. Dies schlägt sich in der Verstaatlichung verschiedener strategischer Industrien nieder. Die staatlich intervenierende und kontrollierende Wirtschaftspolitik führte verschiedene Restriktionen ein, so z. B. ein System zur Kontrolle von Devisenflüssen ins Ausland[5], verschiedene Gesetze zur Preissetzung und zu exzessiven Arbeitnehmerrechten. Für die Wirtschaftssubjekte bedeutet dies auf der einen Seite eine Erhöhung der Bürokratie, auf der anderen Seite Einschränkungen der unternehmerischen Tätigkeit und

---

[4]Präsident Venezuelas von 1999 bis zu seinem Tod 2013.

[5]2003 führte Venezuela ein System von Devisenkontrollen unter der Kontrolle der „Comisión de Administración de Devisas" ein (Dekret 2302 der Gaceta Oficial). Damit sind Transaktionen in Fremdwährung nur über staatliche Stellen möglich, wobei das System über die Jahre mehrmals verändert wurde.

Entscheidungen. So bedurfte es z. B. für den Import von Gütern staatlicher Bewilligungen. Devisentransaktionen sind nur über die staatlichen Behörden möglich, was die Zusammenarbeit mit internationalen Lieferanten beeinträchtigt. Die Preise verschiedener Produkte werden staatlich festgesetzt, wobei diese Preise oft unter den Herstellkosten liegen und daher die Produkte nicht produziert werden. Durch die Kombination von fehlenden Devisen bzw. Importen, sowie unzureichender lokaler Produktion, sind viele Produktions- und Konsumgüter knapp oder nicht vorhanden. Das System der Devisenkontrollen hat sich als große Herausforderung für die Organisationen herausgestellt. Solange das Land bis ca. 2012 noch genügend Devisenreserven hatte, führte dieses System neben hohen administrativen Hürden zu Preis- und Kostenverzerrungen durch einen subventionierten Import. Seit ca. 2014 hat sich die Zuteilung von Devisen an die Unternehmen stark reduziert und seit ca. 2016 sind diese auf einem minimalen Niveau. Dies hat für die Unternehmen zur Folge, dass der Import der notwendigen Produktionsgüter und die alternative Besorgung der notwendigen Devisen zu zentralen Managementaufgaben geworden sind.

Zudem sind sowohl die Bürger als auch die Organisationen mit atypischen Effekten des Wirtschaftssystems konfrontiert. Einerseits hängt die venezolanische Wirtschaft sehr stark vom Öl ab. Andererseits gibt es Anomalien im System, so z. B. ein System mit multiplen Wechselkursen. Weiter zeichnet sich die Politik auch durch eine hohe Sprunghaftigkeit oder Volatilität aus. So werden Entscheide ad hoc getroffen und manchmal auch ebenso rasch widerrufen[6].

Management bei ungenügender Rechtstaatlichkeit, politischen Konflikten und mangelnder Infrastruktur
Die Bolivarianische Revolution von Hugo Chávez Frías wurde begleitet von starken nationalen Konflikten, unter anderem mit seiner Absetzung für 48 Stunden sowie einem Generalstreik 2002. Mit der Übernahme der Präsidentschaft 2013 durch Nicolás Maduro Moros haben sich diese Konflikte und die politische und wirtschaftliche Krise weiter verschärft. Auch die internationale Politik ist geprägt durch ein Freund/Feind-Schema, was sich in verschiedenen Konflikten niederschlägt. Mehrmals wurde der Güter- und Devisenverkehr mit Staaten unterbrochen (z. B. Kolumbien und Panama). Insgesamt stellt dieses konfliktbeladene Umfeld für die Organisationen ein hohes Unsicherheitspotenzial mit unkontrollierbaren Auswirkungen dar.

---

[6]Verschiedene Anomalien der venezolanischen Wirtschaft sowie Beispiele sprunghafter Entscheidungen zeichnet Gallegos (2016) in seiner Analyse der Krise Venezuelas nach.

Die Unsicherheit nimmt mit dem Verlust an Rechtsstaatlichkeit weiter zu. Die Verstaatlichung verschiedener Unternehmen entzog vielen Wirtschaftssubjekten die Eigentumsrechte. Auch die hohe Korruption und die unberechenbare strafrechtliche Verfolgung von Unternehmern sind Ausdruck ungenügender Rechtssicherheit.

Die operative Komplexität steigt zudem aufgrund massiver Ausfälle der staatlichen Infrastruktur, wie Strom, Kommunikation oder Transportverbindungen im Inland und ins Ausland, und stellt die Unternehmen vor große operative Probleme.

Management in Krisenzeiten

Das System der Devisenkontrollen stellte der Wirtschaft während einigen Jahren, von 2003 bis ca. 2014, billige Devisen zur Verfügung. Basierend auf den Öleinnahmen und dem für die Wirtschaft verfügbaren billigen Dollar erlebte Venezuela einen unvergleichlichen Boom. Das System der Devisenkontrollen stellte aber auch eine Subventionierung der Importe dar. Damit wurde Venezuela ein sehr lukratives Exportland für die Weltwirtschaft und Verzerrungen der Kosten durch diese Subvention führten zu einem Kostennachteil der lokalen Produktion. Infolgedessen nahm die inländische Produktivität ab, bei gleichzeitiger Zunahme der Abhängigkeit von Importen.

Mit dem Preissturz 2016 des Öls sind die Staatseinnahmen dramatisch eingebrochen und die Staatsverschuldung ist stark angestiegen. Als Folge der ideologischen Wirtschaftspolitik ist Venezuela in eine tiefe Krise gestürzt, welche sich 2018 und 2019 weiter akzentuiert. Neben der sich verschärfenden politischen Krise wird eine lang anhaltende Rezession begleitet von einer Hyperinflation, dem Fehlen von Devisen, einer permanenten Abwertung der Währung und dem Fehlen lebensnotwendiger Güter und Medikamente. Mit der Rezession mussten bis zur Hälfte der Unternehmen schließen und viele multinationale Firmen haben den Markt verlassen. Die Arbeitslosigkeit ist massiv angestiegen.

Management des Humankapitals in Zeiten hoher personeller Volatilität

Das Management des Humankapitals hat sich zu einer der wesentlichen Herausforderungen für die Unternehmen entwickelt. Die gesellschaftlichen Normen haben sich verschoben und die Organisationen sind mit neuen sozialen Anforderungen durch den Staat konfrontiert. Dies verursacht einen zusätzlichen Kosteneffekt. Die einhergehende Stärkung der Rechte der Mitarbeitenden, bis hin zur Unkündbarkeit, führten gleichzeitig zu einem Zerfall von Werten. U. a. haben die unbegründeten Absenzen von Mitarbeitenden zugenommen, da keine Sanktionen, z. B. Kündigungen, möglich sind.

In Zeiten der Krise, der Unsicherheit und des Umbruchs sind die Talente in der Organisation ein wichtiger Erfolgsfaktor. In einer Emigrationswelle haben nach Schätzungen von Experten ca. vier Millionen Menschen Venezuela verlassen, darunter viele Unternehmer und Fachleute. Damit haben viele Unternehmen Teile ihres Managements und weitere Schlüsselmitarbeitende verloren.

Mit der Krise sind alle Menschen in Venezuela von hoher Unsicherheit und Verlusten betroffen. Für die Organisationen ist es deshalb eine wichtige Aufgabe, ihre Mitarbeitenden in dieser Zeit zu unterstützen und ihnen ein Minimum an Sicherheit zu geben. Neben der sozialen Verantwortung ist dies auch unabdingbar für das Funktionieren der Organisation.

Gemeinsame Herausforderungen, trotz sehr unterschiedlicher Ausgangssituation

Die identifizierten Herausforderungen der Organisationen in Venezuela lassen sich selbstverständlich nicht direkt auf jene in Europa übertragen. Hyperinflation und sozialistische Ideologien sind für uns kein Thema. Die konkreten Herausforderungen der venezolanischen Organisationen verlangen jedoch von diesen, sich ständig und mit hoher Geschwindigkeit auf neue Gegebenheiten einzustellen. Die Veränderungen können Chancen bieten, sind in ihren Charakteristika aber oft auch existenzgefährdend. Die atypische Wirtschaft stellt die Unternehmen immer wieder vor neue Fragestellungen, für welche es keine oder wenig Erfahrungswerte gibt und deren Zusammenhänge einen hohen Grad an Komplexität aufweisen.

Damit lassen sich Gemeinsamkeiten der Herausforderungen der venezolanischen und europäischen Organisationen feststellen.

Überblick der vier Maximen zum Management im Umfeld von fundamentalem Wandel mit hoher Komplexität

3

Den erfolgreichen Unternehmen in Venezuela gelingt es, sich trotz oder gerade wegen der Ausnutzung des sich fundamental verändernden Umfeldes mit hoher Komplexität positiv zu entwickeln. Sie gestalten ihr Geschäft rentabel, generieren einen positiven Mittelfluss, investieren für die Zukunft und es gelingt ihnen, den Marktanteil zu erhöhen. Dies in einem Kontext, in dem nach Aussage von Experten ca. die Hälfte der Unternehmen in Venezuela schließen musste.

In der Beobachtung dieser Unternehmen lassen sich vier Maximen für das Management im Umfeld von fundamentalem Wandel mit hoher Komplexität identifizieren, wobei die Ausprägungen der einzelnen Maximen je nach Organisation unterschiedlich sind (Abb. 3.1).

Maxime 1: „SCHAFFE DIR VERBÜNDETE"
Im Umfeld von hoher Komplexität und nicht abschätzbaren Veränderungen und entsprechend hoher Unsicherheit mit Risiken, aber auch Chancen in allen Umweltsphären bieten Verbündete Unterstützung in der Gefahrenabwehr und der Wahrnehmung von Opportunitäten. Durch langfristige Beziehungen und profunde Kenntnisse der Bedürfnisse der Partner haben sich venezolanische Organisationen ein starkes Netzwerk persönlicher Beziehungen aufgebaut und eine starke Bindung mit Stakeholdern erreicht.

Maxime 2: „SEI WACHSAM UND HANDLE RASCH, ABER BEWUSST"
Organisationen müssen vorausschauend handeln, auf alle Eventualitäten vorbereitet sein und ein Sensorium für Veränderungen entwickeln. Der permanente Wandel verlangt Wachsamkeit auf kleinste Veränderungen und rasche Entscheidungen und Handlungen bei plötzlichen Veränderungen. Diese müssen sehr bewusst getroffen werden, da kleine Veränderungen große Wirkungen auslösen können.

© Springer Fachmedien Wiesbaden GmbH, ein Teil von Springer Nature 2019
M. Betz, *Management im Umfeld von Komplexität und fundamentalem Wandel,*
essentials, https://doi.org/10.1007/978-3-658-27698-0_3

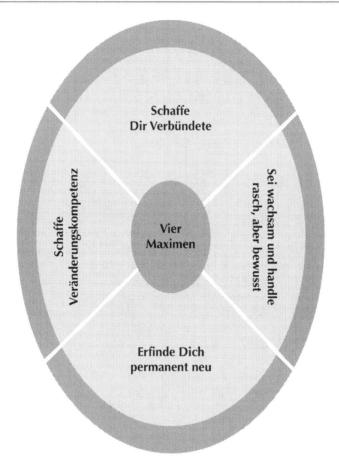

Abb. 3.1 Maximen zum Management im Umfeld von fundamentalem Wandel mit hoher Komplexität

Maxime 3: „SCHAFFE VERÄNDERUNGSKOMPETENZ"
Der Veränderungsdruck auf die Organisationen verlangt von diesen auch eine Veränderungskompetenz. Diese umfasst die Bereitschaft und die Fähigkeit, sich zu verändern. Die Organisationen fördern und fordern sowohl den kulturellen Aspekt der Veränderungsbereitschaft, als auch die Fähigkeiten zu Veränderungen.

Maxime 4: „ERFINDE DICH PERMANENT NEU"
Aufgrund des fundamentalen Wandels und der raschen Veränderungen in Venezuela müssen die Organisationen ihre Geschäftsmodelle und die Geschäftsbereiche stets auf ihre Zukunftsfähigkeit hinterfragen, diese ergänzen oder gar ersetzen. Dies betrifft sowohl die Frage, in welchen Geschäftsfeldern man tätig sein soll, als auch die stetige Anpassung der Art und Weise der Geschäftsabwicklung.

4.1 Einsichten aus venezolanischen Organisationen

Kernelement der Maxime „SCHAFFE DIR VERBÜNDETE" ist der Aufbau eines Netzwerks, welches die Organisation in der Erreichung ihrer Ziele unterstützt. Das Netzwerk ist umso stärker, wenn die Organisation und die potenziellen Verbündeten gleichgerichtete Interessen haben und die Beziehung auf Dauerhaftigkeit angelegt ist. Bei den venezolanischen Organisationen sind die Verbündeten und wie sie zu Verbündeten wurden, sehr vielfältig.

Persönliche Beziehungen und „Kollektives Denken" Das Leben in Venezuela ist geprägt durch persönliche Beziehungen. So kennen sich Wirtschaftsführer aus den Schulen, Universitäten und Clubs, sie engagieren sich aber auch in Verbänden und Handelskammern. Dies ist die Basis für eine kollektive Haltung eines sich gegenseitigen Unterstützens. Veranschaulichen lässt sich dies an jenen Führungskräften, welche international unterwegs sind. Oft bringen sie für ihre Mitarbeitenden oder jene von befreundeten Unternehmen Medikamente aus dem Ausland mit.[1]

Das Engagement in den Verbänden dient auch dem gegenseitigen Austausch. Mit der Zunahme der operativen Herausforderungen wurden Angebote des Austausches immer stärker nachgefragt, mit dem Ziel zu lernen, wie andere Organisationen mit spezifischen Themenstellungen umgehen.

---

[1]Seit mehreren Jahren kommt es immer wieder zu Ausfällen von Medikamenten, welche sich zu einer permanenten Knappheit von teilweise überlebensnotwendigen Medikamenten im Land akzentuierte.

© Springer Fachmedien Wiesbaden GmbH, ein Teil von Springer Nature 2019
M. Betz, *Management im Umfeld von Komplexität und fundamentalem Wandel,*
essentials, https://doi.org/10.1007/978-3-658-27698-0_4

Die persönlichen Beziehungen und die sich damit ergebende Ebene des Vertrauens ermöglichen innovative Formen der Zusammenarbeit, um die Herausforderungen des Wandels, aber auch plötzlich auftretende Gefahren zu meistern. Dies lässt sich anhand einzelner Beispiele darstellen. Verschiedene Firmen haben sich bei Knappheit von Rohmaterialien ausgetauscht und diese ausgeliehen (sogar unter Konkurrenten), andere haben sich für den Import von Materialen zusammengetan. Interessant ist auch das Beispiel, wie sich kleine Läden verbündet haben, um Kartenzahlterminals gemeinsam zu nutzen, da aus Mangel an Bargeld kaum Verkäufe mehr möglich waren.

Erkennen der Bedürfnisse seiner Partner Verbündete lassen sich durch tiefe Partnerschaften gewinnen. Venezolanische Organisationen erreichen dies u. a. durch die Befriedigung ganz spezifischer Bedürfnisse der Partner.

In Zeiten von Veränderung, Unsicherheit und auch Krisen haben insbesondere Mitarbeitende ein hohes Bedürfnis nach Sicherheit und Informationen. Sie sind aber auch alltäglich mit immer neuen Schwierigkeiten konfrontiert. Neben der offenen Kommunikation gelang es einzelnen Unternehmen, die Mitarbeitenden zu Verbündeten zu machen, indem sie diesen bei deren individuellen Problemen kreativ zur Seite standen. Das Beispiel eines Lebensmittelherstellers zeigt dies eindrücklich. Zeitweise war Bargeld knappt, es wurde sogar wie ein Gut gehandelt. Die Mitarbeitenden des Unternehmens hatten keinen Bargeldzugang und konnten den Bus zur Arbeit nicht bezahlen. Durch eine Kooperation mit einem Parkhaus besorgte sich das Unternehmen Bargeld und bezahlte seinen Mitarbeitenden täglich zusätzlich zum Gehalt den notwendigen Betrag für den Bus in bar aus. Neben der Stärkung der Beziehung zu den Mitarbeitenden konnte auch die Ausfallquote massiv reduziert werden. Weitere Beispiele der Befriedigung von spezifischen Bedürfnissen der Mitarbeitenden sind der Import nicht verfügbarer Medikamente durch das Unternehmen, Kooperationen für vergünstigte Lebensmittel oder auch die Begleitung von Schichtarbeitern zur Arbeit durch Sicherheitspersonal wegen der extrem hohen Kriminalitätsrate.

Auch die Lieferanten sind ein wichtiger Faktor, um in einem Umfeld der Unwägbarkeiten operieren zu können und bieten hohes Potenzial als Verbündete. Hierzu muss ein Verständnis für die Bedürfnisse der Lieferanten entwickelt und durch die Befriedigung eben dieser Bedürfnisse eine vertiefte Beziehung erreicht werden. Die Beispiele venezolanischer Organisationen zeigt, wie sie Lieferanten zu Verbündeten gemacht haben. Ein Unternehmen arbeitete mit vielen kleinen lokalen Bauern zusammen, welche aber zunehmend Schwierigkeiten hatten, Saatgut zu kaufen. Das Unternehmen finanzierte und unterstütze den Import des Saatgutes und sicherte somit die Lieferkette. Ein weiteres Unternehmen arbeitete mit vielen

Kleinstunternehmern als Lieferanten. Fehlendes Know-how gefährdete diese Lieferanten und das Unternehmen unterstützte die Lieferanten mit Weiterbildung im Unternehmertum. Die Wichtigkeit der vertieften Zusammenarbeit mit den Lieferanten zeigt sich auch, weil in der Krise viele Lieferanten schließen mussten und die Lieferkette mit den wenigen noch bestehenden sichergestellt werden muss.

Die wahren Bedürfnisse der Partner (z. B. Lieferanten oder Mitarbeitende) zu ergründen und auch zu befriedigen, verlangt viel Kommunikation und Verständnis für die Stakeholder. Der Ansatz bedeutet aber auch eine Investition in die Beziehung, welche mit Kosten verbunden sein kann. Konzeptionell kann dies als die Übertragung des Customer Insight[2] aus dem Marketing auf verschiedene andere Stakeholder gesehen werden. Damit eine Partei einseitig, ohne garantierte Gegenleistung, in die Beziehung investiert, sind nach Halek und Strobl (2016, S. 65) die Einhaltung von drei Regeln zentral: erstens klare Ziele, zweitens ein gewisses Mass an Zusammenhalt und drittens das Fehlen einer versteckten Agenda.

Langanhaltende und partnerschaftliche Beziehungen Allianzen ergeben sich auch aus langanhaltenden Geschäftsbeziehungen. Die venezolanischen Organisationen haben darauf verzichtet, opportunistisch in jeder Situation den maximalen Profit zu erreichen, sondern setzen auf Nachhaltigkeit der Beziehung. Der Nutzen solcher Beziehungen zeigt sich anhand verschiedener Beispiele.

Aufgrund politischer Konflikte mit anderen Staaten konnten kurzfristig keine Importe aus diesen Staaten importiert werden, was die Lieferkette eines produzierenden Unternehmens massiv störte. Dank der gewachsenen Beziehung mit den Lieferanten in jenen Ländern und einer seit ca. 40 Jahren anhaltenden strategischen Zusammenarbeit mit einem Lieferanten in einem Drittland bestand die Vertrauensbasis, sämtliche Einkäufe über diesen strategischen Partner abzuwickeln und damit die Fabrikation in Venezuela aufrecht zu erhalten.

Ein anderes Beispiel zeigt ein Importeur. Die regulatorischen Hindernisse für internationale Zahlungen wurden immer schwieriger[3], sodass er offene Rechnungen nicht mehr begleichen konnte. Dank der langjährigen Geschäftsbeziehung

---

[2]Mehr zum Konzept des Customer Insight folgt im nächsten Teilkapitel.

[3]In Venezuela wurde 2003 das Wechselkursregime (CADIVI) eingeführt. Mittels fixierten Wechselkursen erfolgen die internationalen Zahlungen über die staatlichen Stellen. Seit ca. 2014 werden die Rechnungen durch die staatliche Institution nicht mehr bezahlt, obwohl die Zuteilung an die Importeure erfolgt ist. Die Unternehmen sind gefordert, Lösungen zu finden, wie sie ihre internationalen Verpflichtungen ohne die Zuteilungen durch die staatliche Institution bedienen können.

hatte ein zentraler Lieferant Vertrauen und lieferte weiter. Die Basis ist eine offene und ehrliche Kommunikation. Dies unterstreicht das Unternehmen, indem es dem Lieferanten, wann immer möglich, auch nur kleine Beträge überweist und so das Vertrauensverhältnis stärkt.

Partnerschaftliche Zusammenarbeit ist mit verschiedenen Stakeholdern wichtig. Ein Unternehmen musste einen Geschäftsbereich schließen. Durch eine offene und frühzeitige Kommunikation wurden die Kunden miteinbezogen. Dies wiederum hat die Beziehungen für die verbliebenen Geschäftsbereiche weiter gestärkt. Wie schon weiter oben gesehen ist auch die Pflege der Beziehung zu den Mitarbeitenden wichtig. So sorgen diese in den venezolanischen Unternehmen für Sicherheit und unterstützen diese gegenüber ungerechtfertigten staatlichen Eingriffen, z. B. gegen Enteignungen oder temporäre Schließungen. Ein Unternehmen zeigt den speziellen Nutzen, indem es mit verschiedenen ehemaligen Mitarbeitenden über Jahrzehnte in Kontakt bleibt. Verschiedentlich sind diese auch wieder in das Unternehmen eingetreten. In einem Fall konnte durch die Übernahme eines, durch einen ehemaligen Mitarbeitenden gegründeten Unternehmens das Geschäft ausgeweitet werden; in einem anderen Fall konnte eine sensible Position aufgebaut und durch eine Person des Vertrauens besetzt werden.

4.2   Ableitung allgemeiner Anwendungen der Maxime

Interessant sind die Einsichten, der Art und Weise wie venezolanische Unternehmen einerseits die langfristige Zusammenarbeit pflegen und diese andererseits auch mittels eines tiefen Verständnisses für die gegenseitigen Bedürfnisse gestalten. Die Unternehmen erreichen dadurch eine kontinuierliche Kooperation, welche auf der Verfolgung gleichgerichteter Ziele basiert und durch die Stetigkeit eine hohe Effizienz und Effektivität erreicht. Gerade im volatilen, sich stark verändernden Umfeld hat diese Art von Gestaltung der Beziehungen zu den verschiedenen Stakeholdern auch eine wesentliche Wirkung auf den Umgang mit Gefahren oder die Nutzung von Chancen.

Aus den konkreten Situationen und Beispielen lassen sich zwei allgemeine Anwendungen für die Maxime 1 „Schaffe Dir Verbündete" ableiten.

Stakeholder Insight Management
Ziel des Stakeholder Insight Managements ist die Stärkung der Beziehungen zu den verschiedenen Interessensgruppen, um diese als Verbündete zu gewinnen, was eine vertiefte Zusammenarbeit erlaubt. Solche Interessengruppen können

verschiedenartig sein, so z. B. die Mitarbeitenden, die Lieferanten, die Kunden, staatliche Organisationen, die unmittelbare Nachbarschaft der Organisation, Investoren und viele mehr.

Durch das Verständnis und die Befriedigung der wahren Bedürfnisse der Stakeholder wird eine Vertiefung der Beziehung erreicht. Die Ergründung der Stakeholder-Bedürfnisse lehnt sich dem Customer Insight Management[4] an.

Dabei geht dies weiter als das einfache Beobachten oder das Gesagte zu hören. Es geht darum, zwischen den Zeilen zu hören und die „Schmerzpunkte" zu verstehen. Anders als beim klassischen Stakeholder-Management werden nicht die Interessen der Stakeholder als abstrakte Gruppe betrachtet, sondern die der einzelnen Individuen oder Organisationen. Die Stakeholder sind also nicht die Mitarbeitenden, sondern einzelne Mitarbeitende oder Gruppen von Mitarbeitenden oder einzelne Lieferanten mit spezifischen Bedürfnissen.

Die Interessen der Lieferanten sind z. B. rentable Preise oder Planbarkeit der Aufträge. Die Schmerzpunkte eines Lieferanten können aber z. B. fehlende Referenzprojekte sein, eines anderen kann es die schwierige Finanzierung sein. Indem es der Organisation gelingt, die Bedürfnisse zu erkennen und zu befriedigen, kann der Stakeholder als Verbündeter gewonnen werden. Bei einem Lieferanten kann dies durch Empfehlungen erreicht werden, bei einem anderen z. B. durch Garantien.

Mit der Anwendung des STAKEHOLDER INSIGHT MANAGEMENTS profitiert die Organisation von vertieften Erkenntnissen zu seinen Stakeholdern. Dank diesen kann es deren wahre Bedürfnisse befriedigen und mit ihnen tiefe Partnerschaften eingehen und diese an sich binden.

KONZEPT AKTIVER GESTALTUNG KONTINUIERLICHER BEZIEHUNGEN
Ähnlich dem STAKEHOLDER INSIGHT MANAGEMENT verfolgt der Ansatz der AKTIVEN GESTALTUNG KONTINUIERLICHER BEZIEHUNGEN zu verschiedenen Stakeholdern ebenfalls das Ziel, die Beziehungen zu diesen zu stärken und so Formen der

---

[4]Price und Wrigley (2016, S. 92) benennen den Customer Insight als „(…) an intimate shared understanding of the unspoken, latent current and future needs of the customer." Für Manzuoli ist der Customer Insight" (…) el concepto para conocer las necesidades que ni siquiera el consumidor conoce de sí mismo, porque no es consciente de las mismas." („… das Konzept, um die Bedürfnisse kennenzulernen, die nicht mal der Kunde selbst kennt, weil er sich dieser nicht bewusst ist." (Manzuoli 2016, S. 3, eigene Übersetzung). Dies erlaubt, neben den rationalen auch die unbewussten, emotionalen Bedürfnisse der Kunden zu ergründen (Manzuoli 2016, S. 3, 15).

Zusammenarbeit einzugehen, welche ein hohes Maß an gegenseitigem Vertrauen voraussetzen. Dabei setzt das Prinzip auf die Kontinuität der Beziehung und die gemeinsame Historie. Eine gemeinsame, lange Historie der Organisation mit einem Stakeholder führt zu einem gegenseitigen Verständnis und bietet der Organisation Handlungsspielraum beim Auftauchen von unerwarteten Ereignissen, aber auch zur Nutzung von Opportunitäten.

Kontinuierliche Beziehungen lassen sich z. B. gestalten, indem sich jemand auf der menschlichen Ebene auf die Geschäftspartner einlässt. Ein Schweizer Unternehmer praktizierte dies erfolgreich in Venezuela, indem er selbst seinen Geschäftspartnern bei deren Besuchen auch die Schönheiten des Landes zeigte und ihnen so seine Zeit widmete. Diese menschlichen Beziehungen pflegt er nun auch nach seiner Rückkehr nach Europa mit seinen jetzigen Geschäftspartnern.

Die AKTIVE GESTALTUNG KONTINUIERLICHER BEZIEHUNGEN kann aber auch mit langjährigen Partnern erfolgen. Dies kann z. B. ein Lieferant sein, der bei Lücken der Produktion rasch einspringt. Auch ehemalige Mitarbeitende bieten Potenzial für eine lange Beziehung; z. B. wenn sich diese selbstständig machen und sich (ggf. viel später) daraus Kooperationen für neue, gemeinsame Projekte ergeben. Auch mit Kunden können sich Projekte in einem Geschäftsbereich außerhalb der bestehenden Beziehungen ergeben.

Verbündete unterstützen die Erreichung von Zielen und die Wahrnehmung von Chancen

Ein durch fundamentale Veränderungen, Komplexität und Volatilität geprägtes Umfeld bietet Chancen, aber auch Gefahren. Das Ziel der Maxime 1 ist es, sich Verbündete zu schaffen, welche die Organisation bei diesen Herausforderungen unterstützen. Erreicht wird dies durch vertiefte, langfristige Beziehungen mit den Partnern.

Die unterstützenden Anwendungen sind das STAKEHOLDER INSIGHT MANAGEMENT und die AKTIVE GESTALTUNG LANGFRISTIGER BEZIEHUNGEN.

5.1 Einsichten aus venezolanischen Organisationen

Eine sich aktualisierende Planung, die permanente Überwachung der Veränderungen in der Umwelt und der internen Geschehnisse, sowie rasche und dezentrale Entscheidungen sind bei den venezolanischen Unternehmen die Erfolgsfaktoren eines wachsamen Managements und bewussten Handelns. Die Basis dafür sind ein Fokus auf das humane Talent und eine exzellente finanzielle Steuerung.

Planung und vorausschauendes Handeln
Intuitiv könnte man meinen, dass in einem Umfeld von hoher Volatilität, permanenter Veränderung und hoher Unsicherheit, Planung kaum eine Rolle spielt und vielmehr flexibles Reagieren auf die Geschehnisse wichtig ist. Ein Beispiel aus dem Alltagsleben veranschaulicht jedoch, dass dem nicht so ist und, dass vorausschauendes Handeln im genannten Umfeld umso wichtiger ist.

Für eine Fahrt am Abend von St. Gallen nach Genf oder auch von Hamburg nach München, werden Sie ohne große Vorbereitung losfahren. Auf überraschende Geschehnisse werden Sie entsprechend reagieren können, da mögliche Ereignisse und deren Auswirkungen recht gut absehbar sind. In Venezuela jedoch sind der Zustand der Straße und der Beleuchtung ungewiss. Zudem ist allgemein nachts die Gefahr von Überfällen groß. Müssen Sie unter diesen Umständen eine mehrstündige Fahrt in der Nacht machen, werden Sie sich besser vorbereiten. Gegebenenfalls werden Sie sogar ein zweites Fahrzeug im Konvoi haben, um im Falle einer Panne sofort weiterfahren zu können.

Analog verhält es sich bei der unternehmerischen Tätigkeit in Venezuela. Weil das Umfeld sehr volatil und komplex ist und oft überraschende Ereignisse auftreten, die aber nicht einfach gelöst werden können, muss das Unternehmen sich einerseits auf alle möglichen Szenarien vorbereiten und andererseits seine Entscheidungen und Handlungen diesen Bedingungen anpassen. Basis für vorausschauendes Handeln ist die Fähigkeit, Trends und ihre Auswirkungen zu erkennen und darauf reagieren zu können. Vorboten für den Trend zu einer geringeren nationalen Produktion, aber auch geringerer Verfügbarkeit von staatlich zugeteilten Devisen konnten seit ein paar Jahren beobachtet werden, so z. B. die Einführung von Wechselkurskontrollen, eine Abnahme der Ölproduktion und eine Schwankung des Ölpreises, aber auch verstärkte Verstaatlichungen und eine Zunahme der Emigration[1]. Erfolgreiche Organisationen hatten sich auf diese Entwicklung frühzeitig eingestellt und ihr Geschäftsmodell angepasst. Fabrikanten haben z. B. frühzeitig auf andere weniger kritische Materialen umgestellt, oder statt auf Produktimporte auf mehr lokale Fabrikation gesetzt. So hatte z. B. ein Unternehmen in einem frühen Stadium eine mögliche Reduktion der Zuteilung von Devisen antizipiert und den Import von Fertigprodukten durch verstärkte lokale Fabrikation ersetzt, trotz, zu jenem Zeitpunkt, höheren Kosten. Damit konnten mit weniger Devisen Rohmaterialien, statt Fertigprodukte, importiert und damit trotzdem dieselben Verkäufe erzielt werden.

Ein zentrales Element vorausschauenden Handelns ist eine intensive und permanente Planung. Die Pläne sollen eine Richtschnur geben. Insbesondere aber führt der Prozess der Planung dazu, die unterschiedlichen Szenarien und ihre Auswirkungen zu ergründen und mögliche Lösungen zur Hand zu haben. Die Planung ist dann auch kein jährlicher Prozess, sondern der Plan und die getroffenen Maßnahmen müssen permanent überprüft werden. Dem bekannten Zitat von Dwight D. Eisenhower „Plans are worthless, but planning is everything" (Eisenhower 1957)[2] kommt in einem Umfeld, in welchem sich viele Variablen unterschiedlich entwickeln können, eine erhöhte Aussagekraft zu. Dabei muss akzeptiert werden, dass sich die Prämissen der Planung jederzeit und fundamental verändern können. Dies bedingt auch, das eigene Geschäft und dessen sich verändernde Variablen immer wieder selbst neu zu verstehen. Venezolanische Unternehmen sind sich bewusst, dass das Geschäft von heute, weder das Geschäft von gestern noch das Geschäft von morgen ist.

---

[1]Verschiedentlich wird in Venezuela davon gesprochen, dass von 30 Mio. Einwohnern ca. 4 Mio. emigriert sind. Genaue Zahlen sind nicht verfügbar. Gemäß Misteli (2018) haben seit 2015 2,3 Mio. Einwohner das Land verlassen.

[2]Dwight D. Eisenhower (1890–1969): „Remarks at the National Defense Executive Reserve Conference," November 14, 1957. Online bei Gerhard Peters und John T. Woolley, The American Presidency Project. Abgerufen von: http://www.presidency.ucsb.edu/documents/remarks-the-national-defense-executive-reserve-conference.

Vorausschauendes Management ist aber auch der Schlüssel für die permanente Erneuerung der Organisation (siehe Maxime 4). So hat ein Unternehmen der Baubranche frühzeitig erkannt, dass die Abhängigkeit von Infrastrukturprojekten des Staates bei einer immer steigenden Zunahme der staatlichen Verschuldung existenzbedrohend sein wird. Es hat daher neue Geschäftsfelder aufgebaut und somit die Abhängigkeit von den traditionellen Geschäftsfeldern gesenkt.

Ein weiterer Faktor des vorausschauenden Handelns ist der Einbezug aller möglichen Eventualitäten in der Entscheidungsfindung. Dies zeigt sich am Beispiel eines Produzenten, welcher von den Produkten seiner Zulieferer abhängig ist. Die Erfahrung hat gezeigt, dass es bei einer Panne des Lastwagens Tage dauern kann, bis Ersatzteile verfügbar sind [3] und die Produkte transportiert werden können. Die Folge sind Ausfälle bei der Fabrikation. Dies verlangt von den Organisationen, gängige Managementansätze zu hinterfragen, und sich situativ im eigenen Umfeld adäquat zu verhalten. Ein Aspekt ist dabei die Notwendigkeit von Reserven, und damit einhergehend, nicht an der Kapazitätsgrenze zu arbeiten. Dies betrifft auf der einen Seite strategisch und operativ wichtige Ressourcen, um die Operation sicherzustellen. Auf der andern Seiten gilt dies auch für finanzielle Reserven, um rasch auf Anforderungen reagieren oder, um sich ergebende Opportunitäten nutzen zu können. Die maximale Optimierung des Working Capital oder eine aggressive Bilanz mit viel Fremdkapital sind damit in den genannten Fällen keine adäquaten Zielsetzungen.

Schärfung der Wahrnehmung von Veränderungen
Bewusstes Handeln bedarf der Wachsamkeit der Organisation auf Veränderungen und ihren Folgen. Veränderungen müssen rasch erfasst werden, ohne dass die Folgen immer klar sind. Der wesentliche Faktor ist, Informationen zeitnah verfügbar zu haben. Für das Finanzmanagement bedeutet dies, z. B. mit tagesaktuellen Zahlen, statt mittels Monatsabschluss retroaktiv zu steuern. In seiner Abhandlung zum Navigieren in Zeiten des Umbruchs nennt Malik das Prinzip „Real Time Controls" (Malik 2015, S. 113). Verschiedene Organisationen haben kleine Komitees oder Zusammenkünfte institutionalisiert, um diese Veränderungen in den verschiedenen Umwelten rasch aufnehmen zu können. Der Nutzen lässt sich anhand eines Beispiels einer Unternehmung darstellen, welche noch am selben Tag auf eine Direktive der Regierung reagierte, dass die Supermärkte Produkte zu

---

[3]Man spricht davon, dass aufgrund fehlender Ersatzteile von Fahrzeugen ein wesentlicher %-Satz aller Fahrzeuge im Land stillgelegt sind.

Preisen vom Vormonat verkaufen müssen (dies bei einer Hyperinflation). Es stoppte den Vertrieb an die Supermärkte und die gesamte Verkaufsbelegschaft besuchte kleine Geschäfte und Kioske, um die Verkäufe in diesen Kanal zu fokussieren. Im Ergebnis konnten die Verkäufe im Vergleich zum Vormonat sogar gesteigert werden.

Außer den plötzlichen, volatilen Ereignissen, gibt es auch schleichende Veränderungen mit nur schwachen Signalen. So waren die Abnahme der internationalen Reserven der Zentralbank und die Zunahme nicht bezahlter, jedoch zugeteilter Devisen Vorläufer der staatlichen Finanzkrise 2017 und 2018. Die Tendenz der Konsumenten zu kleineren Produkteinheiten ist ein Beispiel eines Signals dafür, dass die Kaufkraft der Bevölkerung kontinuierlich gesunken ist. Dank eines wachsamen Managements konnten die erfolgreichen Organisationen die Signale wahrnehmen und entsprechend handeln.

In ihrer Analyse zu gutem Management des Unerwarteten nennen Weick und Sutcliffe dies „Mindfull Management". Organisationen, die dies beherrschen, können überraschende Events früher erkennen, brauchen weniger Ressourcen zur Lösung, da die Effekte zu diesem Zeitpunkt noch kleiner sind, und die Lösung erfolgt auch vollständiger. Weick und Sutcliffe nennen solche Organisationen „High Reliability Organisations (HRO's)" (2015, S. 22).

Darauf zielen auch Maliks Prinzipien zur Lagebeurteilung (Malik 2015, S. 126–128) oder die „Produktive Paranoia" von Collins und Hansen ab. Gemäß derer sollen neben der Wahrnehmungsfähigkeit auch Puffer und Reserven geschaffen werden, um bei auftretenden Schwierigkeiten schnell reagieren zu können (Collins und Hansen 2011/2012, S. 149–154).

Basis dafür, Veränderungen wahrnehmen zu können, ist eine intensive interne und externe Kommunikation. Die interne Kommunikation in alle Richtungen und zwischen allen Mitgliedern der Organisation sichert ein Sensorium für die Veränderungen innerhalb der Organisation, aber auch den Informationsfluss für Veränderungen in den Umwelten. Es ist also nicht nur eine Managementaufgabe, sondern eine Aufgabe aller Mitarbeitenden. Die Intensivierung der externen Kommunikation bedingt ein aktives Auftreten im Markt, aber auch den Austausch mit Experten und anderen Organisationen. Venezolanische Organisationen haben zudem auch eine Breite des Sensoriums durch eine Diversifikation im Management und Aufsichtsrat (in der Schweiz der Verwaltungsrat) erreicht. Die Schärfung der Wahrnehmung für Veränderung bedingt für das Management, sich immer wieder aus dem täglichen Hamsterrad der Problemlösung zu lösen und sich die Zeit für die Reflexion und Bewertung von Veränderungen zu nehmen.

Nebst der Feststellung der Veränderungen kurz- und langfristiger Natur besteht die Herausforderung auch in der Abschätzung der Folgen. Im komplexen

System ist die eindeutige Zuordnung von Ereignissen und deren Folge oft nicht möglich. So kann die Art und Weise der Folge variieren oder auch die Intensität der Folge kann differieren und ist unberechenbar. Dies zeigt sich in Venezuela am Bespiel der Inflation. Diese konnte rasch als Folge der Wirtschaftspolitik und -entwicklung identifiziert werden, jedoch war die Höhe kaum absehbar[4]. Für die Interpretation sollte aus möglichst breiten Erfahrungen und einer Vielfalt der Mitglieder der Organisation profitiert werden. Auch dafür ist eine möglichst breite Diversifikation in der Organisation notwendig.

Die Schärfung der Wahrnehmung auf Veränderungen, also die Veränderung und deren Folgen zu erfassen, erhöht die Handlungsfähigkeit. Collins und Hansen identifizierten als Prinzip handlungsfähig zu bleiben, die „produktive Paranoia". Ein Teilaspekt davon ist die Fähigkeit, trotz Fokussierung auch die Veränderungen in der Umwelt wahrzunehmen und Gefahren nicht zu übersehen. Die Unternehmen müssen Veränderungen der Bedingungen wahrnehmen, die Zeitkomponenten abschätzen, Entscheidungen treffen und diese fokussiert umsetzen (Collins und Hansen 2011/2012, S. 164–170).

Rasche, jedoch überlegte Entscheidungen und dezentrale Kompetenzen
Neben dem vorausschauenden Management ist bewusstes Handeln im komplexen und volatilen Umfeld auch geprägt durch rasche und dezentrale Entscheidungen. Dabei ist das Kriterium Geschwindigkeit genauso wichtig wie die Qualität einer Entscheidung, beziehungsweise einer Handlung.

Das komplexe und auch durch Vieldeutigkeit geprägte Umfeld in Venezuela zeichnet sich dadurch aus, dass sich die Wirkung von Ereignissen über die Zeit sogar verstärken (z. B. hohe Schulden in Devisen führen bei zunehmender Abwertung zu höheren Wechselkursverlusten) oder, dass auftretende Opportunitäten nur kurzfristig verfügbar sind (z. B. Verfügbarkeit von Rohmaterialien). Die Delegation von Entscheidungen und die Prozesse müssen daher immer so ausgerichtet werden, dass mit größtmöglicher Geschwindigkeit entschieden und gehandelt werden kann. Malik (2015, S. 114–115) propagiert ein Hub-Prinzip für die Informationsströme; also eine Dezentralisierung verbunden mit zentralen Punkten der Informationen. Auch das Prinzip der Mobilisierung von Experten von Weick und Sutcliffe (2015, S. 112–128) zielt ähnlich der in Venezuela erlangten Erkenntnisse darauf ab, ein Maximum an Informiertheit zu erhalten

---

[4]Die Inflation 2018 ist nicht klar benennbar. Der Staat spricht von 130,060 %, der IMF von 1,3 Mio. % und die Opposition von 1,7 % (NZZ 01. Juni 2019, S. 31).

und Entscheidungen dort zu treffen, wo die Expertise liegt. Unterstützt wird dies, wenn in der Organisation eine hohe Diversifikation gegeben ist, da die Informationen aus möglichst vielen „Ecken" in die Organisation kommen. Die VUCA-Literatur sieht denn auch als Erfolgsfaktoren des Managements der Vieldeutigkeit, die Verschiedenheit, das Zuhören und das Ausprobieren (Bennett und Lemoine 2014, S. 113; Kinsinger und Walch o. D., S. 2–3).

In Venezuela sind z. B. dezentrale Strukturen im Einkauf ein Schlüsselfaktor für rasche Entscheidungen, da ansonsten der Lieferant die Produkte schon an einen anderen Kunden verkauft hat oder die Preise bei langen Ausschreibeverfahren mit Preisvergleichen zwischen Anbietern in der Zwischenzeit gestiegen sind. Rasche Entscheidungen waren auch ein wesentlicher Erfolgstreiber einer Gruppe, welche sich Vorteile in der Finanzierung verschaffen konnte. Dank Erkenntnissen des vorausschauenden Managements konnten frühzeitig Bankkredite für den Kauf von Materialien aufgenommen werden. Bei einer auf der einen Seite progressiv steigenden Hyperinflation und auf der anderen Seite beschränkten Verfügbarkeit von Krediten des lokalen Bankensystems ist dieser „First Mover"-Effekt ein wichtiger Kostenvorteil.

Rasche Entscheidungen dürfen aber nicht mit vorschnellen Entscheiden gleichgesetzt werden. Darauf legen auch Weick und Sutcliffe (2015, S. 62–76) Wert, wenn sie vor zu rascher Vereinfachung warnen. Es braucht die Sensitivität der Vielfalt und Details müssen betrachtet werden, bevor diese zur Erfassung der Komplexität vereinfacht werden. Im Fokus steht die Ausrichtung der Mechanismen und Entscheidungskompetenzen auf Geschwindigkeit. Dabei müssen jedoch die bestehenden Informationen und Varianten sorgfältig beurteilt werden. Weiter müssen die Wirkungen der Handlungen beobachtet werden, um, wo notwendig, entsprechende Anpassungen vorzunehmen.

Fokus auf das humane Talent

Letztlich sind es die Menschen, welche entscheiden und handeln. Das heißt auch, dass der Grad an Wachsamkeit und bewusstem Handeln von den Menschen in den Organisationen, somit von ihrer Bereitschaft und ihrer Fähigkeit dazu abhängt. Dies bedarf für die Mitarbeitenden die Vermittlung eines Minimums an Sicherheit und Stabilität und das Bewusstsein für die Herausforderungen.

Die Kommunikation und die tatsächlichen Handlungen müssen kongruent sein, um Zuverlässigkeit und Glaubwürdigkeit zu erzeugen. Gemäß dem „Grundsatz der Festigkeit" ist es essenziell, deklarierte Vorhaben zu erfüllen, was insgesamt die Überzeugungsfähigkeit steigert (Malik 2015, S. 131–132). Auch die Sinnstiftung der eigenen Handlung und das Wissen, Teil eines Gesamten zu sein, steigern die Wachsamkeit und das bewusste Handeln. Collins und Hansen

(2011/2012, S. 54–55) nennen die Führungskompetenz, die sich an einem Zweck ausrichtet, etwas Höheres sucht und das Ziel bzw. den Zweck mit Leidenschaft verfolgt „Level-5-Ambitionen". Matzler et al. (2016, S. 115–123) sehen ähnliche Themenstellungen im Umfeld von disruptiven Innovationen.

Venezolanischen Organisationen gelingt es, den Mitarbeitenden authentisch zu vermitteln, dass das Unternehmen sie unterstützt und dass sie den Weg gemeinsam gehen. Ein Unternehmen hat dafür einen Fonds für persönliche Notfälle der Mitarbeitenden eingerichtet und beschäftigt zehn Personen, welche sich nur um diese Fälle kümmern. Insbesondere in Kleinunternehmen, welche stark mit dem Unternehmer verbunden sind, ist die Botschaft des Unternehmers, dass er weiterhin für den Erfolg des Unternehmens engagiert ist, unschätzbar wertvoll für die Stabilität im Unternehmen und die Identifikation der Mitarbeitenden mit dem Unternehmen. Stabilität wird ebenfalls durch eine klare und kommunizierte Strategie sowie durch die Kommunikation und Begründung von Entscheidungen erzeugt. Auch Investitionen und neue Initiativen im Unternehmen erzeugen Optimismus und damit Sicherheit.

Neben der Gestaltung des Umfeldes der Mitarbeitenden ist insbesondere die Auswahl der Führung und der Mitarbeitenden zentral, um den Wandel und die Komplexität zu managen. In seiner „Take-off-Theorie" identifizierte Collins das Prinzip „Erst Wer, dann Was" als ein wesentliches Management-Prinzip für den dauerhaften Unternehmenserfolg. Um Veränderungen zu managen, sollen, bevor die Richtung definiert wird, zuerst die richtigen Leute in das Unternehmen geholt werden. Mit diesen kann agiert und auf die Veränderungen reagiert werden (Collins 2001/2011, S. 59–60). Die Auswahl von Vertrauenspersonal ist auf der einen Seite auch die Basis, um dezentrale Entscheidungen zu ermöglichen, was wiederum die Voraussetzung für rasche und bewusste Entscheidungen ist. Auf der anderen Seite ist bei der Auswahl der Führungskräfte auch die Fähigkeit für das Management von Wandel und Unsicherheit hoch zu gewichten. Doppler (2017, S. 50–53) sieht für das Management zur Führung in unsicheren Zeiten und zur Veränderung als wesentliche Fähigkeiten des persönlichen Navigationssystems, das Erkennen von und die Beibehaltung der Handlungsfähigkeit bei Mehrdeutigkeit, Widersprüchen und Unsicherheit. Hinzukommt die Fähigkeit, Interessen zu verstehen und zu managen, eine Balance zwischen Disziplin und Gelassenheit zu halten, sowie eine offene Kommunikation.

Fokus auf das Finanzmanagement

In Zeiten von Umbrüchen, hoher Volatilität und Unsicherheit ist ein starkes Finanzmanagement von zentraler Bedeutung. Ein finanzieller „Blindflug" oder nur schon zeitlich stark verzögerte Informationen zur finanziellen Situation sind für die Unternehmen existenzbedrohlich. Im Zentrum der finanziellen Steuerung stehen für die venezolanischen Organisationen die tägliche Betrachtung des Cash Flows und der Stand der liquiden Mittel. Dies als Ergänzung der traditionellen Monatsbetrachtung der Bilanz und Erfolgsrechnung. Im Einzelnen müssen die Unternehmen differenzieren, welche Finanzzahlen steuerungsrelevant sind. So erstellt ein Unternehmen, neben den offiziellen Zahlen, weitere Finanzrechnungen mit unterschiedlichen Wechselkursen, um entscheidungsrelevante Informationen zu erhalten. Für ein anderes Unternehmen ist ein permanentes Debitorenmanagement erfolgsrelevant, für ein Drittes bildet schon die Auswahl der Kunden eine strategische Komponente, um Zahlungsausfälle zu vermeiden.

Ein weiterer Aspekt des finanziellen Managements ist die Bedeutung von frei verfügbaren Mitteln, um Geschäftsopportunitäten wahrnehmen zu können. Durch ein starkes Finanzmanagement ergeben sich auch Chancen, welche erfolgreiche Organisationen im Stande sind zu packen. Im Falle von Venezuela betrachten diese z. B. die Hyperinflation nicht nur als Bürde, sondern nutzen sie, um dank günstiger Kredite Investitionen in die Zukunft vorzunehmen.

5.2   Ableitung allgemeiner Anwendungen der Maxime

Mit der Anwendung der Maxime 2 „Sei wachsam und handle rasch, aber bewusst" erreicht das Management einerseits, proaktiv agieren zu können. Andererseits trifft es reflektierte Entscheidungen, da mögliche Zusammenhänge schon vor dem Eintritt eines Ereignisses evaluiert wurden. Ähnliches zeigt sich bei Collins und Hansen (2011/2012, S. 33, 149–154). Sie benennen erfolgreiche Unternehmen in Zeiten der Unsicherheit als „10X-er" Unternehmen und charakterisieren diese so, dass diese nicht auf Schwierigkeiten warten, sondern sich vorbereiten, sodass sie beim Auftauchen von Schwierigkeiten handlungsfähig sind und auf Erlerntes zurückgreifen können. Aus den Einsichten venezolanischer Organisationen lassen sich aus den konkreten Situationen und Beispielen vier allgemeine Anwendungskonzepte für die Maxime „Sei wachsam und handle rasch, aber bewusst" ableiten.

5 Sinne/360°-Prinzip

Manche Veränderungen sind schleichend, andere Events tauchen in einem volatilen Umfeld unvermittelt auf. Mit der Anwendung dieses Prinzips schaffen sich die Organisation ein Sensorium, welches ihnen erlaubt, die plötzlichen Ereignisse sofort zu erfassen und die schleichenden Signale so früh als möglich aufzunehmen.

Damit werden die Veränderungen erfasst und die Zusammenhänge im komplexen Umfeld der Organisation verstanden.

Analog zum Menschen, welcher über seine fünf Sinne Veränderungen in seiner Umwelt wahrnimmt, erfahren auch die Organisationen die Veränderungen. Einerseits nimmt die Organisation als soziales System über ihre Mitglieder Veränderungen wortwörtlich über die fünf menschlichen Sinne wahr. Alle Mitglieder der Organisation müssen dafür jederzeit aktiv Umweltveränderungen (aber auch Veränderungen innerhalb der Organisation) identifizieren. Hierzu müssen sie sich in den Umwelten bewegen. Je nach Umweltsphäre kann dies unterschiedlich geschehen. So ist der Besuch von Messen geeignet, technologische Veränderungen zu erkennen. Soziokulturelle Tendenzen können sich z. B. am Frühstückstisch im Gespräch mit den eigenen Kindern ergeben und rechtliche Veränderungen können über eine Verbandstätigkeit frühzeitig erkannt werden.

Andererseits muss die Organisation ihr Instrumentarium aufbauen, um Veränderungen frühzeitig zu erfahren, diese zu interpretieren und um, im Idealfall, vor dem Eintreffen der Wirkung schon agieren zu können. Hierzu ist es notwendig, dass die Informationen, welche über das Sensorium gewonnen wurden, auch ganzheitlich in der Organisation fließen, nämlich zwischen den Mitarbeitenden (unterschiedlicher Bereiche), von den Mitarbeitenden zu den Führungskräften und umgekehrt und auch zwischen den Führungskräften.

Prinzip von Vorbereitung und Reserve

Durch eine aktive Auseinandersetzung mit den verschiedenen Umweltsphären werden Trends und Veränderungen frühzeitig erfasst. Damit kann sich die Organisation vorbereiten und Maßnahmen ergreifen, bevor die Veränderungen zu einer Gefahr für die Organisation werden. Chancen können zudem in einer frühen Phase wahrgenommen werden. Die Auseinandersetzung mit der eigenen Organisation liefert weitere Informationen zur Entwicklung und zum Bedarf an Maßnahmen.

Die Handlungsfähigkeit der Organisation wird auch durch den psychologischen Effekt gestärkt. Eine vorbereitete Organisation, welche sich mit möglichen Szenarien und Handlungsoptionen auseinandergesetzt hat, ist beim Eintreffen irgendwelcher Überraschungen imstande, Entscheidungen zu treffen und zu handeln.

Ein erstes Element des Prinzips sind die stetige Planung, das Treffen von Entscheidungen, die Verfolgung der Wirkung und die Anpassung der Maßnahmen aufgrund der Wirkungsfeedbacks. Dabei sind die getroffenen Annahmen immer wieder zu hinterfragen und der Planung verschiedene Szenarien zugrunde zu legen.

Ein weiteres Element ist die Berücksichtigung aller möglichen Eventualitäten, welche verschiedene Faktoren betreffen, so z. B. makroökonomische Verwerfungen, politische Entwicklungen, aber auch neue technische Möglichkeiten oder die Zahlungsunfähigkeit eines wichtigen Kunden. Um auch beim Eintreffen der unvorhergesehenen Events handlungsfähig zu bleiben, sind die Entscheidungen immer so zu treffen, dass nicht an den Grenzen gehandelt wird, sondern, dass es Reserven gibt.

Dies führt zum dritten Element, dem gezielten Management von Reserven von sensitiven, kritischen Ressourcen. So kann in der Produktion „Just in Time" angewendet werden, aber für einzelne, kritische Materialien mit Ausfallrisiko müssen Reserven gehalten werden. Damit sind immer Ressourcen vorhanden, um Gefahren abzuwenden oder, um aufkommende Chancen zu nutzen.

Dank der Anwendung des Prinzips ist die Organisation in der Lage, stets in einer aktiven Rolle der Stärke zu agieren. Sich bietende Chancen können genutzt werden und auftretende Risiken lassen sich aktiv managen.

Konzept von Geschwindigkeit und Substanz der Entscheidung

Das sich rasch verändernde und volatile Umfeld mit komplexen Zusammenhängen verlangt rasche Entscheidungen, welche aber, insbesondere im Hinblick auf ihre Effekte, durchdacht sein sollen. Das Prinzip ist darauf ausgerichtet, den Aufbau der Organisation, die Prozesse und die Entscheidungsmechanismen so zu gestalten, dass Entscheidungen an den Stellen getroffen werden, wo die Informationen zusammenfließen und die Kompetenzen vorhanden sind.

Entscheidungen werden bezüglich ihrer Wirkungen von allen Seiten betrachtet und so rasch als notwendig getroffen. Entscheidungen zu signifikanten Veränderungen oder mit wesentlichen Wirkungen werden durch die Vielfalt einer Gruppe beurteilt. Die Entscheidungen des operativen Geschäfts werden dezentral getroffen und die Entscheidungsprozesse sind auf Geschwindigkeit ausgerichtet.

Dies verlangt Organisationsformen, welche es erlauben, über die Bereichsgrenzen hinweg intensiv zusammenzuarbeiten und Entscheidungskompetenzen, welche auf bürokratische Genehmigungsläufe verzichten.

Stabilisatoren in der Volatilität

Um in unruhigen Zeiten von Volatilität und Veränderung auch für komplexe Fragestellungen durchdachte Entscheidungen zu treffen und, um mit Veränderungen umgehen zu können, braucht es Faktoren, welche auch in diesem Umfeld ein Mindestmaß an Stabilität und Sicherheit bieten. Mit der bewussten Schaffung von Stabilisatoren kann dieses Maß erhöht werden. Dies führt

einerseits zu einer Stärkung der Fähigkeit, vorausschauend zu handeln und
sensitiv auf Veränderungen zu reagieren, und festigt andererseits aber auch die
Veränderungskompetenz.

Die Stabilisatoren können unterschiedlich ausgestaltet sein. Wichtig dazu
ist aber auf jeden Fall eine intensive und kongruente Kommunikation über die
anstehenden Veränderungen. Effektive Stabilisatoren werden gestaltet, wenn eine
erhöhte Identifizierung der Mitarbeitenden mit dem Unternehmen erreicht wird,
z. B. durch Sinnstiftung, aber auch durch das Gefühl „in einem Boot zu sitzen"
und auf gegenseitige Unterstützung zählen zu können.

Als ganz einfache Stabilisatoren in der Volatilität eignen sich Routi-
nen in den Teams (z. B. gemeinsame regelmäßige Mittagessen oder Sport), die
Pflege von Faktoren, welche stabil sind (z. B. der physische Arbeitsplatz), oder
die Förderung der Sinnstiftung durch die Aufgabe oder durch eine Stärke des
„Wir"-Gefühls.

**Agieren statt reagieren und rasche, aber bewusste Entscheidungen dank
Wachsamkeit**

„Sei wachsam und handle rasch, aber bewusst" zeigt sich in einem vorausschauenden Management, welches seine Wahrnehmung auf Veränderungen
schärft und rasche, jedoch auf Substanz basierte, Entscheidungen trifft. Die
Organisationen erreichen damit, dass sie agieren und die Zukunft gestalten
können. Dafür notwendig ist die Anwendung verschiedener Prinzipien, wie
das 5 Sinne/360°-Prinzip, das Prinzip von Vorbereitung und Reserve, das
Konzept von Geschwindigkeit und Substanz der Entscheidung, aber auch die
Anwendung von Stabilisatoren in der Volatilität.

6.1 Einsichten aus venezolanischen Organisationen

Die Veränderungskompetenz setzt auf der einen Seite die Bereitschaft und auf der anderen Seite die Fähigkeit zur Veränderung voraus; sie hat also eine kulturelle, aber auch eine sachliche Ebene. Der Aufbau von Veränderungskompetenz in Krisenzeiten stärkt die Organisation auch für stabilere Zeiten.

Förderung der Veränderungsbereitschaft
Generell zeigt die Führung von venezolanischen Unternehmen ein hohes Maß an Veränderungsbereitschaft. Veränderungen werden als Chancen wahrgenommen und Geschäftsrisiken werden in Kauf genommen; dies auch dann, wenn Vertreter anderer Herkunftskulturen die Risiken oftmals scheuen. So sind heute verschiedene Geschäftsbereiche internationaler Unternehmen nach deren Rückzug aus dem venezolanischen Markt an nationale Unternehmen übergegangen. Dies lässt sich übrigens auch in anderen lateinamerikanischen Ländern in Krisenzeiten beobachten, so z. B. in der Pharmaindustrie in Argentinien.

Die Fähigkeit, Optimismus und Enthusiasmus zu generieren, ist die Basis für die Förderung der Veränderungsbereitschaft. Diese Fähigkeit unterstreichen auch Weick und Sutcliffe (2015, S. 94) mit dem Prinzip des Commitments zur Resilienz, mit dem gemeint ist, aus Fehlern zu lernen, die Lernfähigkeit zu erhöhen und das Funktionieren trotz Überraschungen sicherzustellen. Collins nennt dabei auch die Notwendigkeit in der Organisation, den Wandel und die Veränderung zu akzeptieren, also die Realitäten zu sehen, ohne aber dabei die Motivation und den

© Springer Fachmedien Wiesbaden GmbH, ein Teil von Springer Nature 2019
M. Betz, *Management im Umfeld von Komplexität und fundamentalem Wandel,*
essentials, https://doi.org/10.1007/978-3-658-27698-0_6

Mut zu handeln zu verlieren. Er nennt dies das „Stockdale-Paradox: Den Glauben behalten, dass man am Ende siegt – egal wie schwierig es wird und gleichzeitig sich den brutalen Tatsachen der momentanen Situation stellen – egal wie unerfreulich sie sind" (Collins 2001/2011, S. 107). Dieses „Stockdale-Paradox" lässt sich bei einigen venezolanischen Unternehmen gut beobachten. Sie leben die täglichen geschäftlichen Schwierigkeiten und anerkennen die persönlichen Schwierigkeiten der Mitarbeitenden. Trotzdem kämpfen sie tagtäglich gemeinsam um neue Lösungen, mit dem totalen Glauben, dass das Unternehmen auf dem richtigen Weg ist und am Ende gestärkt in die Zukunft gehen wird.

Das Gefühl, dass die Zukunft gestaltet werden kann, und die Erfahrung, dass die Führung an die Zukunft glaubt, z. B. mit Investitionen und neuen Initiativen als Signale, wirken positiv auf die Veränderungsbereitschaft der Organisation. Kleine Erfolge bringen Zuversicht, dass der Optimismus valide ist. Für die Führung bedeutet dies, allen Ideen aus der Organisation in einem ersten Schritt positiv, also mit einem „Ja" zu begegnen und diese dann zu validieren. Dadurch entstehen Initiativen verschiedenster Art. Einer geht dies mit der Forderung an sich selbst und die Mitarbeitenden, immer Lösungen zu suchen und ein „dies geht nicht" nicht zu akzeptieren. Die Veränderungsbereitschaft wird auch durch eine positive Kultur von Innovation gefördert. Dies umso stärker, je mehr die gesamte Organisation von dieser Kultur durchdrungen ist. Ein kleines, aber eindrückliches Beispiel ist jenes eines Unternehmens, bei dem die „Kaffeedame" auf die Idee gekommen war, die Identifikation der Mitarbeitenden zu stärken, indem sie auf jeden Kaffee das Logo der Unternehmung gezaubert hatte. Wie schon früher im Kapitel erwähnt, schaffen es die erfolgreichen Organisationen durch die Kommunikation mit den Mitarbeitenden und durch verschiedene Arten der Unterstützung einen erhöhten Grad an Stabilität zu generieren. Auch dies steigert die Veränderungsbereitschaft.

Die Veränderungsbereitschaft erhöht sich zudem, wenn die Unternehmung geeint und fokussiert in dieselbe Richtung geht. Den erfolgreichen Organisationen in Venezuela gelingt dies mit einer eindeutigen und transparenten Strategie und indem sie stetig sicherstellen, dass die Ressourcen gleichgerichtet eingesetzt werden. Auch Kisinger und Walch (o. D., S. 3) sehen als zentral eine klare Vision, welche klar kommuniziert wird, um der Volatilität gegenüberzutreten. Um die Organisation geeint in dieselbe Richtung zu steuern, beschreibt Malik in seinem Konzept der Master Controls verschiedene „Modes of Organisation", wie z. B. den Normalbetrieb, Krisenmeisterung oder Change. Aufgabe des Managements ist es, die gesamte Organisation auf einen Modus auszurichten und die gesamten Ressourcen entsprechend einzusetzen. Gleichzeitig kann eine Organisation nur in einem Modus betrieben werden. Über die Zeit kann sie aber wieder auf einen unterschiedlichen Modus ausgerichtet werden (Malik 2015, S. 107–110).

Erhöhung der Veränderungsfähigkeit
Im Konkreten stellt sich für die Organisationen zudem die Frage, wie sie die Veränderungsfähigkeit sicherstellen und erhöhen können. Zum einen ist es ganz einfach das tägliche Tun, welches die Fähigkeit stärkt, immer wieder neue Lösungen zu erarbeiten. Zum anderen müssen die Organisationen aber auch konkrete Maßnahmen treffen, um die Veränderungsfähigkeit zu erhöhen

Die konkreten Maßnahmen hängen von den zu erwartenden Herausforderungen ab. Dies bedeutet, dass diese umso adäquater sind, als die Veränderungen und die entsprechenden Herausforderungen durch wachsames Management frühzeitig erkannt werden.

Beispiele solcher Maßnahmen finden sich bei den venezolanischen Organisationen in unterschiedlicher Art. So hat ein Unternehmen eine „interne Universität" für den Vertrieb gebildet, um das Umfeld und dessen Herausforderungen zu verstehen und zu lernen, wie in Initiativen mit unsicherem Ausgang zu handeln ist. Erfolgreich für die Erhöhung der Veränderungsfähigkeit waren auch Business-Spiele. So hatte ein großes Unternehmen mit internationalem Bezug die Finanzorganisation mit Business-Spielen für die künftigen Herausforderungen wie Hyperinflation und Cash-Flow-Management befähigt.

Auch durch gezieltes Personalrecruting konnte die Veränderungsfähigkeit erhöht werden. Ein Unternehmen der Finanzbranche hatte einen Geschäftsführer aus Argentinien, einem Land, welches vor Jahren mit Hyperinflation konfrontiert war. Durch die gemachten Erfahrungen erkannte er die Wirkungszusammenhänge und kann mögliche Folgen abschätzen.

Ein weiterer Aspekte zur Erhöhung der Veränderungsfähigkeit sind das Lernen durch Ausprobieren und das Lernen von anderen durch Gespräche oder Zusammenarbeit (z. B. Kooperationen).

6.2 Ableitung allgemeiner Anwendungen der Maxime

Organisationen, welchen es gelingt, die Veränderungskompetenz zu erhöhen, schaffen sich die Fähigkeit Veränderungen einschätzen zu können, und zu handeln. Sie können einschätzen, was sich (möglicherweise) verändert, wie es sich verändern könnte, welche Effekt es haben könnte und wie zu agieren oder darauf zu reagieren wäre. Das entstehende Gefühl, die Veränderung gestalten zu können und ihnen nicht ausgeliefert zu sein, steigert die Handlungsfähigkeit der Organisation, da die einzelnen Mitglieder der Organisation handlungsfähig bleiben. Langfristig haben sich die Organisationen dadurch eine dauerhafte Stärke angeeignet, welche als organisationale Resilienz bezeichnet werden kann[1]. Die Reflexion der Einsichten aus venezolanischen Organisationen führt auch bei Maxime 3 „Schaffe Veränderungskompetenz" zu zwei Anwendungsprinzipien.

Prinzip „Tun -> Lernen -> Wachsen"

Das Prinzip „Tun -> Lernen -> Wachsen" reflektiert, dass ein wesentlicher Aspekt der Erhöhung der Veränderungskompetenz schon durch das tägliche Praktizieren von kleinen und großen Veränderungen entsteht. Dies impliziert, dass die Organisation die Veränderungskompetenz erhöhen kann, indem sie ein Umfeld schafft, in welchem die Mitarbeitenden motiviert und gefordert werden, sich immer wieder mit neuen Themen zu beschäftigen. Die Mitarbeitenden sollen kreative Ideen ausprobieren können, ohne sich stets rückversichern zu müssen. Sie brauchen Freiheiten, auch wenn einmal etwas missglückt, ganz gemäß der Redewendung „Besser um Entschuldigung bitten, als um Erlaubnis"[2].

Dabei handelt es sich um einen permanenten Lernprozess der Veränderung. Basis für diesen Prozess sind die Identifikation der Mitarbeitenden mit der Organisation, die Vorbildfunktion der Führungskräfte, die Sinnstiftung der Aufgabe, der Optimismus, dass die Veränderungen zum Guten führen, und Erfolgsbeispiele, welche zeigen, dass der Optimismus gerechtfertigt ist. Die Aufgabe der Führung der Organisation zur Erhöhung der Veränderungskompetenz ist die Förderung dieser Faktoren durch gutes Leadership.

---

[1]Definition organisationaler Resilienz nach Hoffmann (2017, S. 97–98): „Unter organisationaler Resilienz ist das komplexe Ergebnis aus dem Zusammenwirken von Ressourcen, Kompetenzen und Performance individueller, intersubjektiver und organisationaler Art zu verstehen, in dessen Folge in Interaktion mit der Umwelt fortlaufend differenzielle Resilienzen gegenüber spezifischen, die organisationale Identität gefährdenden Ereignissen oder dauerhaft bestehenden ungünstigen Umweltbedingungen ausgebildet werden und so durch angemessene Situationsanpassung den dauerhaften Bestand einer Organisation oder eine Organisationseinheit als soziales System absichern und darüber hinaus dessen Weiterentwicklung ermöglichen."

[2]Das Original im Spanischen heißt „Mejor pedir perdón que permiso".

Die Erfahrungen in Venezuela zeigen auch, dass die Auseinandersetzung mit fremden Themen Selbstvertrauen und Zuversicht für weitere neue Herausforderungen gibt. Dies ist wichtig, um in ungewohnten Situationen zu agieren, wenn auch nicht alle Fakten bekannt sind.

HERAUSFORDERUNGSORIENTIERTES LERNEN
Die Komplexität sowie die Unsicherheit des Ausgangs der Veränderungen verlangen, dass die Organisation lernt, Initiativen zu managen, ohne deren Ergebnisse zu kennen. Das bedeutet, dass die Mitarbeitenden befähigt werden müssen, von bekannten Lernmustern abzuweichen und neue Wege auszuprobieren. Aufgabe der Führung ist es, diese Offenheit der Lernprozesse zuzulassen und zu fördern.

Im Sinne des in der Maxime 2 „SEI WACHSAM UND HANDLE RASCH, ABER BEWUSST" dargestellten vorausschauenden Handelns ist es Aufgabe der Organisation, Veränderungen frühzeitig aktiv zu gestalten und auf Signale von Veränderungen zu reagieren. Um die Veränderungen aber auch gestalten zu können, muss die Organisation für die entsprechenden Herausforderungen spezifische Fähigkeiten frühzeitig erlernen. HERAUSFORDERUNGSORIENTIERTES LERNEN erhöht die fachliche Kompetenz für die Bewältigung der künftigen Herausforderungen.

Ein Unternehmen einer Branche, welche durch die Digitalisierung gefordert ist, kann dies durch die Rekrutierung von Führungskräften aus Branchen, welche die Digitalisierung schon erfahren haben, erreichen[3]. Gezielte künftige Fragestellungen können z. B. in internen Schulungen proaktiv gelernt werden.[4] Für die Förderung des Bewusstseins für Veränderungen in den Umweltsphären eignen sich Managementweiterbildungen.

Durch die Anwendung des Prinzips erreichen die Organisationen, die für die Herausforderungen notwendigen Fähigkeiten zu identifizieren und dann die gesamte Organisation oder die für die Themenstellung relevanten Organisationsbereiche entsprechend vorzubereiten. Dies ermöglicht ein gezieltes Lernen und steigert die Effektivität von Weiterbildungen.

---

[3]Ähnlich dem Finanzdienstleister in Venezuela, welcher einen CEO aus Argentinien mit viel Erfahrung im Management von Hyperinflation hat.
[4]Siehe das Beispiel in Venezuela der Business-Spiele für das Cash-Management und Inflation.

**Erhöhung der Veränderungskompetenz als Voraussetzung, die
Veränderungen zu managen**

Aktives Management mit Maßnahmen zur Erhöhung der Veränderungs-
bereitschaft auf der kulturellen Ebene, sowie der Veränderungsfähigkeit auf
der fachlichen Ebene, schaffen Veränderungskompetenz in der Organisation.
Neben dem vorausschauenden Management ist die Veränderungskompetenz
die Voraussetzung für die permanente Neuerfindung der Organisation des
Kap. 4. Die Anwendungsprinzipien für die Veränderungskompetenz sind das
Prinzip „TUN ->LERNEN ->WACHSEN" und HERAUSFORDERUNGSORIENTIERTES
LERNEN.

7.1 Einsichten aus venezolanischen Organisationen

Mit dem Wandel müssen sich die Unternehmen permanent hinterfragen und ihre Geschäftsmodelle anpassen, aufgeben oder neue Modelle entwickeln. Dabei stehen zwei Entwicklungen im Vordergrund, einerseits die Veränderungen und Neueintritte in Geschäftsfelder beziehungsweise Märkte und andererseits die Erneuerung der Art und Weise wie das Geschäftsfeld betrieben wird. Beides bewirkt eine kontinuierliche Erneuerung der Organisation.

Verschiebung in neue Geschäftsfelder
Die Verschiebung in neue Geschäftsfelder ist bei den venezolanischen Unternehmen oft eine logische Folge der Erkenntnisse des vorausschauenden Managements. In verschiedenen Beispielen war die Erkenntnis so drastisch, dass das Weiterbestehen in den angestammten Geschäftsfeldern gefährdet war. Entsprechend haben die Unternehmen alternative Geschäftsmöglichkeiten gesucht.

Eine Autovermietung z. B. ist vom Individualkundengeschäft in das „Business-to-Business" Geschäft gewechselt. Dies als Folge, dass Ersatzteile zunehmend schwieriger zu finden waren und das Geschäft der Individualkunden viel reparaturintensiver war.

Das zuvor genannte Unternehmen der Baubranche, welches stark von staatlichen Infrastrukturprojekten lebte, positionierte sich zur Reduktion dieser Abhängigkeit neu in Märkten, in welchen das bestehende Wissen und die Maschinen weiterverwendet werden konnten – im Hochbau, Stahlbau und Industriebau.

Ähnliches berichtet ein Unternehmen für Hygieneartikel für Kinder. Regulatorische Beschränkungen verunmöglichten einen rentablen Betrieb. Statt zu schließen, fand das Unternehmen eine Nische im Bereich von tiefpreisigen

© Springer Fachmedien Wiesbaden GmbH, ein Teil von Springer Nature 2019   41
M. Betz, *Management im Umfeld von Komplexität und fundamentalem Wandel*,
essentials, https://doi.org/10.1007/978-3-658-27698-0_7

Hygieneprodukten für Frauen, welche ähnlich produziert werden können, jedoch weniger staatlichen Restriktionen unterliegen.

Gleich mehrmals musste ein Unternehmen der Finanzbranche sich den Veränderungen im Markt anpassen, weil wichtige Kunden enteignet wurden und sich später die Kundenbasis massiv reduzierte, da sich viele multinationale Unternehmen aus Venezuela zurückzogen. Mit dem gestiegenen Kostendruck der Klienten veränderte sich zudem deren Verhalten nochmals und das Unternehmen musste sich komplett neu ausrichten. Zuletzt hat es sich auf Individualkunden statt auf den „Corporate"-Markt ausgerichtet.

Neben der Notwendigkeit, sich immer wieder neu zu orientieren, um sich den veränderten staatlichen und gesellschaftlichen Gegebenheiten und Marktsituationen anzupassen, nutzen die Organisationen das volatile und komplexe Umfeld bewusst und suchen sich daraus ergebende Geschäftsmöglichkeiten.

Ein Unternehmen der pharmazeutischen Industrie nutzt den Abgang verschiedener multinationaler Firmen aus dem Markt, um Marktanteil zu gewinnen. Es investiert in den Kauf von Marken oder baut eigene Produkte in Therapieklassen mit tieferem Wettbewerbsdruck auf. Durch eine bewusste Preispolitik sucht das Unternehmen eine Balance aus aktueller Rentabilität und einer Steigerung des Marktanteils, als Investition in die Zukunft.

Ein Unternehmen zeigt auf, wie Substitutionsprodukte neue Märkte erobern können. Während längerer Zeit war Mehl staatlich kontrolliert, wodurch es immer wieder zu Mangel an Brot kam. Das Substitutionsprodukt, welches geringerer staatlicher Kontrolle unterliegt, konnte am Markt stärker bekannt gemacht werden, und das Unternehmen ist in den letzten Jahren trotz der operativen Schwierigkeiten gewachsen.

Ein Autohändler konnte sich immer wieder neu positionieren und so neue Geschäftsfelder erschließen. Während einer Phase des Booms im Land bis ca. 2010, befeuert durch einen subventionierten Wechselkurs, gab es einen Mangel an Neuwagen[1]. Jedes verfügbare Fahrzeug konnte somit verkauft werden, jedoch mit dem Nachteil, dass die Preise staatlich festgelegt waren. Der Autohändler weitete das Geschäftsfeld daraufhin aus und trat auch als Vermittler von Fahrzeugversicherungen auf und bot Kombiangebote an. Hatte sich das Unternehmen schon mal im Versicherungsmarkt eingebracht, weitete es seine Tätigkeit

---

[1]Der venezolanische Automobilmarkt war in diesen Jahren geprägt durch mehrere Anomalitäten, z. B. war die Anzahl der Importfahrzeuge beschränkt und der Preis für Neufahrzeuge war staatlich geregelt. Dadurch waren Gebrauchtfahrzeuge teurer als Neuwagen und auf Neuwagen musste man Monate, manchmal Jahre warten.

aus und bot den Kunden auch die Vermittlung von Versicherungen im Gesundheitsbereich an.

Ein Unternehmer verfolgt explizit die Strategie, Geschäftsmöglichkeiten zu suchen, bei denen er das Know-how des bestehenden traditionellen Geschäftes, sowie die im internationalen Vergleich tiefen Lohnkosten (bei hohem akademischen Standard der Mitarbeitenden) nutzt, um Dienstleistungen im Ausland anzubieten, z. B. Übersetzungsdienste für Klienten in den USA oder Services im Bereich Cyber Security.

Die Verschiebung in neue Geschäftsfelder und damit die permanente Erneuerung der Organisation bedürfen der Veränderungskompetenz, wie sie in der Maxime 3 „SCHAFFE VERÄNDERUNGSKOMPETENZ" dargestellt ist. Des Weiteren müssen für die Veränderungen auch die notwendigen Ressourcen verfügbar sein. Verschiedene Unternehmen haben sich in den Boom-Zeiten Reserven aufgebaut. Diese nutzen sie, um in neue Chancen investieren zu können. Malik betont, die Ressourcen gezielt einzusetzen. So sollen Risiken nur eingegangen werden, wenn beim Eintreffen von unvorhergesehenen Ereignissen diese Risiken auch getragen werden können. Die Veränderungen sollen in kleinen Schritten mit stetiger Erfolgskontrolle erfolgen. Entscheidungen sollen so getroffen werden, dass sie möglichst umkehrbar sind, d. h. mit einem möglichst späten „point of no return" (Malik 2015, S. 128–129). Auch Collins und Hansen plädieren für kleine Schritte. So sollen zuerst wenige Ressourcen in der Breite in viele Projekte investiert werden, um dann aufgrund der Erfolgsmeldungen mit einer Ressourcenbündelung das vielversprechendste Projekt zu verfolgen. Dies senkt die Kosten, verringert die Risiken und steigert die Fokussierung. Sie nennen dies „Empirische Kreativität" (Collins und Hansen 2011/2012, S. 103). Zudem ergänzen sie dies um einen weiteren Aspekt der „Produktiven Paranoia", indem eine Risikobetrachtung durchgeführt werden soll. Potenziell vernichtende Risiken dürfen nicht eingegangen werden und asymmetrische Risiken, welche höher sind als die potenziellen Chancen, sollen vermieden werden (Collins und Hansen 2011/2012, S. 103–139, 155–170).

Permanente Erneuerung der Art und Weise der Operation
Die Komplexität des Geschäftslebens in Venezuela und die sich permanent verändernden Gegebenheiten bzw. Anforderungen verlangen von den Organisationen nicht nur Flexibilität bezüglich ihrer Geschäftsfelder, sondern auch bezüglich der Art und Weise wie diese betrieben werden.

Ein Beispiel der permanenten Erneuerung der Funktionalität der Operation zeigt sich bei einem Unternehmen der pharmazeutischen Industrie anhand der Importe. Immer wieder musste das Unternehmen die Logistikkette und die

Finanzströme anpassen, um den Import sicherzustellen. Zu Beginn konnte über die staatliche Behörde importiert werden. Da aber die staatliche Behörde in der Zahlung der Lieferanten sich immer länger Zeit nahm, musste das Unternehmen Garantiezahlungen an die Lieferanten vornehmen. Da die Zuteilung von Devisen ab ca. 2016 gegen Null tendierte, wurden mehr Rohmaterialien statt Fertigprodukte importiert, um mehr lokal zu produzieren. Trotzdem konnte das System der Garantien nicht weiter aufrechterhalten werden, da die Ausstände unverhältnismäßige Ausmaße angenommen hatten. Fortan wurden alle Importe über einen Partner kanalisiert, welcher die Lieferanten bezahlte. Aber schon nach kurzer Zeit wurde die nächste Maßnahme notwendig, um diesen Partner mit kurzen Zahlungszielen bezahlen zu können; hierzu wurde ein eigenes „Eco-System" mit Kreditgebern, Lieferanten und Kunden aufgebaut.

Ähnliche Maßnahmen zur stetigen Anpassung der Logistikkette und der Importzahlungen waren auch bei einem Importunternehmen notwendig. Im Zuge der mannigfaltigen Herausforderungen in der Produktion (u. a. Verfügbarkeit von Material und Personal) ist auch die Reduktion des Produktportfolios zur Reduktion der Komplexität eine vielfach angewandte Veränderung des Geschäftsmodells. Für das weiter oben genannte Unternehmen der Finanzbranche hat sich neben der oben genannten Verschiebung der Geschäftsfelder auch die Art der Zusammenarbeit mit den Klienten verändert. Statt der periodischen Beratung und dem Verkauf von Dienstleistungen sind sie mit den Klienten in permanentem Kontakt, um mit diesen die notwendige Lösung dynamisch anzupassen.

Ein interessantes Beispiel an Flexibilität zeigt ein Unternehmen im Engineering-Bereich, welches hohe Zahlungsausstände durch die Regierung hatte. Das Unternehmen offerierte der Regierung, dass diese die Ausstände mit natürlichen Materialien des Landes bezahlen konnte.

Beispiele von der Art der Erneuerung zeigen sich auch in der Finanzierung des Unternehmens. So hatte sich ein Unternehmen während Jahren aus dem Operativen Cash Flow finanziert, diese Unternehmenspolitik jedoch im Rahmen der Hyperinflation hinterfragt. Dadurch konnte das Wachstum günstig finanziert werden. Ein anderes Unternehmen nutzte die günstigen Kredite für Investitionen und konnte so die Wertschöpfungskette vertiefen.

7.2　Ableitung allgemeiner Anwendungen der Maxime

Aus den Handlungen venezolanischer Organisationen und deren kritischer Reflexion können für die Maxime 4 „Erfinde Dich permanent neu" zwei allgemeine Anwendungen abgeleitet werden.

CHANCENREALISIERENDES UND GEFAHRENVERMEIDENDES VERÄNDERUNGSMANAGEMENT

Das Prinzip des chancenrealisierenden und gefahrenvermeidenden Veränderungsmanagements ist Ausfluss der vorgängigen Maxime und deren Anwendungen. Durch das vorausschauende Handeln und die Wachsamkeit erkennen die Organisationen die Gefahren aufgrund der Veränderungen in den verschiedenen Umweltsphären, aber auch die möglichen Chancen, die sich ergeben. Mit dem Veränderungsmanagement gilt es dann, die entsprechenden Veränderungen zu gestalten. Dazu gehören auch das Risikomanagement in der Beurteilung und die stetige Nachverfolgung der Wirkung der Veränderungen. Durch die oben erwähnte Befähigung der Organisation und deren Mitarbeitenden für die Veränderungen wird diese Gestaltung erst ermöglicht. Ein weiterer Aspekt des Prinzips ist das ebenfalls weiter oben schon angesprochene Management von Reserven. Durch das Halten von taktischen Puffern in der Operation und der Gestaltung von Reserven werden die Ressourcen verfügbar gemacht, um zu agieren und zu reagieren.

Das chancenrealisierende und gefahrenvermeidende Veränderungsmanagement wenden Organisationen an, indem sie sich aus gefährdeten Geschäftsfeldern zurückziehen und ihre Ressourcen in Geschäftsfeldern einsetzen, welche künftige Chancen bieten, in denen aber auch die bestehenden Kompetenzen eingesetzt werden können.

„MODUS-OPERANDI" ORIENTIERTES VERÄNDERUNGSMANAGEMENT

Mit dem „MODUS-OPERANDI" ORIENTIERTEN VERÄNDERUNGSMANAGEMENT wird die Art und Weise der Geschäftstätigkeit permanent hinterfragt. Der Ansatz geht jedoch über die klassische Organisationsentwicklung und Prozessoptimierung hinaus. Die Organisationen sollen grundlegende Fragestellungen der Wertschöpfung hinterfragen, optimieren und den Gegebenheiten anpassen. Dazu gehören u. a. Fragen der Wertschöpfungskette, Fragen der Finanzierung und Fragen der Zusammenarbeit mit Partnern.

Das „MODUS-OPERANDI" ORIENTIERTE VERÄNDERUNGSMANAGEMENT nimmt Fragen der Erfolgsfaktoren und Differenzierungsmöglichkeiten innerhalb der Wertschöpfungskette oder Fragen des Kundennutzens, der Ressourcen, der Prozesse und des Ertragsmodells in der Geschäftsmodellgestaltung auf. Neu am „MODUS-OPERANDI" ORIENTIERTEN VERÄNDERUNGSMANAGEMENT ist der Fokus im Umfeld von Volatilität und rascher Veränderung auf deren permanenten Überprüfung und Anpassung. Dies führt mal zu kleineren, mal zu größeren Anpassungen.

Mit der Anwendung des Prinzips agieren die Organisationen aktiv und bewahren sich den Handlungsspielraum, sich daraus ergebende Chancen wahrzunehmen, und Situationen zu vermeiden, in denen Geschäftsfelder aufgegeben werden müssen.

Die permanente Entwicklung als Erfolgsfaktor der Organisation

„ERFINDE DICH PERMANENT NEU" ist die stetige Entwicklung und Anpassung des Geschäftes. Dies umfasst Veränderungen der Geschäftsfelder, aber auch die Art und Weise wie das Geschäft betrieben wird, um zukünftigen Herausforderungen gewachsen und für Chancen bereit zu sein. Neben dem CHANCENREALISIERENDEN UND GEFAHRENVERMEIDENDEN VERÄNDERUNGS-MANAGEMENT ist das „MODUS-OPERANDI" ORIENTIERTE VERÄNDERUNGSMANAGEMENT ein Anwendungsprinzip.

Zusammenfassende Handlungsempfehlungen zur Anwendung der vier Maximen

Aus den Einsichten gelebten Managements in Venezuela wurden vier Maximen für das Management im Umfeld von Komplexität, Volatilität und fundamentalen Wandels identifiziert und daraus insgesamt zehn, auch für hier tätige Organisationen, allgemeingültige Anwendungsprinzipien abgeleitet (Abb. 8.1).

Die Organisation und deren Führung müssen akzeptieren, dass sich die Umwelt der Organisation verändert und, dass dies immer rascher geschieht. Die Organisation muss sich als erstes auf die vier Maximen und deren Anwendungen einlassen.

Die Auseinandersetzung, wie venezolanische Organisationen mit den volatilen, sich immer wieder verändernden Entwicklungen umgehen, zeigt, dass es nicht den einen Weg gibt. Jedes Unternehmen hat für sich innerhalb der vier Maximen einen unterschiedlichen Fokus und unterschiedliche Formen gefunden. Wichtig dafür waren die Offenheit für Neues und der Blick über den Tellerrand.

Im Einzelnen gilt es nun für die Organisationen, sich zu hinterfragen, ob und wie weit die Maximen schon angewendet werden und wie die Anwendungsprinzipien für die eigene Organisation verwendet werden können. Die kreativen Beispiele venezolanischer Organisationen bieten zudem Inspiration für europäische Organisationen. So wie die venezolanischen Unternehmen ihren eigenen Weg finden mussten für die Anwendung der vier Maximen, gilt dies auch für hier tätige Organisationen. Für die Anwendung der Maximen gilt es also für die hiesigen Organisationen sich individuelle, für die Organisation passende und kreative Lösungen zu finden und umzusetzen.

Bei der Gestaltung der individuellen Anwendungen ist auch auf deren Wechselwirkung zu achten. So bedarf z. B. die Anwendung HERAUSFORDERUNGSORIENTIERTES LERNEN der Maxime 3 die verschiedenen Anwendungen des wachsamen Managements der Maxime 2, um die künftigen Herausforderungen zu

© Springer Fachmedien Wiesbaden GmbH, ein Teil von Springer Nature 2019
M. Betz, *Management im Umfeld von Komplexität und fundamentalem Wandel,*
essentials, https://doi.org/10.1007/978-3-658-27698-0_8

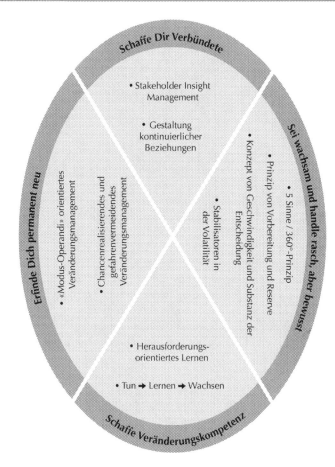

Abb. 8.1 Anwendungsprinzipien zu den vier Maximen

identifizieren. HERAUSFORDERUNGSORIENTIERTES LERNEN ist aber auch wieder eine Voraussetzung für die Anwendung der Maxime 4 der permanenten Erneuerung.

Was sie aus diesem *essential* mitnehmen können

- Aus dem gelebten Management in Venezuela im Umfeld von Komplexität und fundamentalem Wandel lassen sich vier Maximen ableiten und mit allgemeingültigen Anwendungsprinzipien auch für hier tätige Organisationen anwenden.
- In diesem *essential* wurde gezeigt, welches die vier Maximen und deren Anwendungsprinzipien für das Management im Umfeld von Komplexität und fundamentalem Wandel sind.
- Ergänzt wurde der Band durch Beispiele gelebten Managements in Venezuela, als Inspiration zur Umsetzung der Maximen und Anwendungen für Ihre Organisation.

© Springer Fachmedien Wiesbaden GmbH, ein Teil von Springer Nature 2019   49
M. Betz, *Management im Umfeld von Komplexität und fundamentalem Wandel,*
essentials, https://doi.org/10.1007/978-3-658-27698-0

Literatur

Bund, K. (2014, 27. Februar). *Wir sind jung...*. Zeit Online. Abgerufen von: https://www. zeit.de/2014/10/generation-y-glueck-geld.

Collins, J. (2001). DER WEG ZU DEN BESTEN. *Die sieben Management-Prinzipien für dauerhaften Unternehmenserfolg* (M. Baltes & F. Böhler, *Übers.*). Frankfurt am Main: Campus Verlag.

Collins, J. & Hansen, M. T. (2011). *OBEN BLEIBEN. IMMER* (H. Holtsch, Übers.). Frankfurt am Main: Campus Verlag.

Doppler, K. (2017). Führen in Zeiten permanenter Veränderungen. In von Au, C. (Hrsg.). *Führung im Zeitalter von Veränderung und Diversity. Innovationen, Change, Merger, Vielfalt und Trennung*. Wiesbaden: Springer Fachmedien.

Elbe, M. (2015). *Führung unter Ungewissheit. Zehn Thesen zur Zukunft der Führung*. Wiesbaden: Springer Gabler Fachmedien. https://doi.org/10.1007/978-3-658-07780-8.

Ferrari, E., Sparrer, I. & von Kibed, M. V. (2016). Simply More Complex: A SySt® Approach to VUCA. In Mack O., Khare, A., Krämer, A. & Burgartz, Th. (Hrsg.). *Managing in a VUCA World*. Cham: Springer International Publishing. https://doi. org/10.1007/978-3-319-16889-0.

Gallegos, R. (2016). *¿CUÁNDO SE JODIÓ VENEZUELA?* Barcelona: Centro Libros PAPF.

Halek P. & Strobl G. (2016). Keeping the Flow: Creating Opportunities Based on Well Structured Collaboration. In Mack O., Khare, A., Krämer, A. & Burgartz, Th. (Hrsg.). *Managing in a VUCA World*. Cham: Springer International Publishing. https://doi. org/10.1007/978-3-319-16889-0.

Hoffmann, G. P. (2017). *Organisationale Resilienz. Kernressource moderner Organisationen*. Wiesbaden: Springer-Verlag GmbH Deutschland. https://doi.org/10.1007/978-3-662-53944-6_4.

Kinsinger, P. & Walch, K. (o. D.). *Living and Leading in a VUCA Word*. Abgerufen von: http://www.forevueinternational.com/Content/sites/forevue/pages/1482/4_1__Living_and_Leading_in_a_VUCA_World_Thunderbird_School.PDF.

Kotter, J. P. (2014). *Accelerate. Strategischen Herausforderungen schnell, agil und kreativ begegnen* (K. Klein, Übers.). München: Verlag Franz Vahlen.

© Springer Fachmedien Wiesbaden GmbH, ein Teil von Springer Nature 2019
M. Betz, *Management im Umfeld von Komplexität und fundamentalem Wandel*,
essentials, https://doi.org/10.1007/978-3-658-27698-0

Kuznik, T. (2016). Risk Management in a VUCA World: Practical Guidelines Based on the Example of a Multinational Retail Group. In Mack O., Khare, A., Krämer, A. & Burgartz, Th. (Hrsg.). *Managing in a VUCA World*. Cham: Springer International Publishing. https://doi.org/10.1007/978-3-319-16889-0.

Lawrence, K. (2013). *Developing Leaders in a VUCA Environment*. UNC Executive Development. Abgerufen von: http://execdev.kenan-flagler.unc.edu/developing-leaders-in-a-vuca-environment.

Mack, O. & Khare, A. (2016). Perspectives on a VUCA World. In Mack O., Khare, A., Krämer, A. & Burgartz, Th. (Hrsg.). *Managing in a VUCA World*. Cham: Springer International Publishing. https://doi.org/10.1007/978-3-319-16889-0.

Malik, F. (2015). *Navigieren IN ZEITEN DES UMBRUCHS. DIE WELT NEU DENKEN UND GESTALTEN*. Frankfurt am Main: Campus Verlag.

Manzuoli, J. P. (2016). *Customer insight*. Documento de trabajo en Ciencias Empresariales No. 21 del Departamento de Investigación "Francisco Valsecchi". Facultad de Ciencias Económicas. Universidad Católica Argentina. Abgerufen von: http://bibliotecadigital.uca.edu.ar/repositorio/investigacion/customer-insight-manzuoli.pdf.

Mayring, P. (2016). *Einführung in die qualitative Sozialforschung* (6. Auflage). Weinheim: Beltz Verlag.

Matzler, K., Bailom, F., von den Eichen, S. F. & Anschober, M. (2016). *Digital Disruption. Wie Sie Ihr Unternehmen auf das digitale Zeitalter vorbereiten*. München: Verlag Franz Vahlen.

Misteli, S. (2018, 21. August). *Venezuelas Migranten stossen auf neue Hürden*. Neue Zürcher Zeitung. Abgerufen von: https://www.nzz.ch/international/huerden-fuer-venezuelas-migranten-ld.1413077.

Nandram, S. S. & Bindlish, P. K. (2017). Introduction to VUCA. In Nandram, S. S. & Bindlish, P. K. (Hrsg.). *Managing VUCA Through Integrative Self-Management. How to Cope with Volatility, Uncertainty, Complexity and Ambiguity in Organizational Behavior*. Cham: Springer International Publishing. https://doi.org/10.1007/978-3-319-52231-9.

Price, R. & Wrigley, C. (2016). *Design and a Deep Customer Insight Approach to Innovation*. JOURNAL OF INTERNATIONAL CONSUMER MARKETING. 2016, VOL. 28, NO. 2, 92–105. https://doi.org/10.1080/08961530.2015.1092405.

Rätselraten um Venezuelas Wirtschaftsdaten (2019, 1. Juni). *Neue Zürcher Zeitung*, S. 31.

Strübing, J. (2013). *Qualitative Sozialforschung. Eine komprimierte Einführung für Studierende*. München: Oldenburg Verlag.

Weick, K. E. & Sutcliffe, K. M. (2015). *Managing the Unexpected. Sustained Performance in a Complex World* (Third Edition). Hoboken, New Jersey: Jon Wiley & Sons. ISBN 978-1.-118-86245-2 (ePDF).

http://www.presidency.ucsb.edu/documents/remarks-the-national-defense-executive-reserve-conference.

Printed in the United States
By Bookmasters